부동산경매
실전노트

부동산 경매 실전 노트

• 이호중 지음 •

지식공감

일러두기

・본 도서에서 사용된 부동산 관련 지표는 '지지옥션'의 동의를 얻어 사용한 것입니다.

저자서문

　부동산에 대하여 공부를 하면 할수록 어렵다는 생각을 많이 하는데, 경매도 마찬가지로 낙찰 경험을 하면 할수록 어렵다는 것을 새삼 깨닫는다. 왜냐하면, 부동산경매는 다양한 지식과 경험을 요구하는 고도의 투자행위이기 때문이다. 그럼에도 불구하고 부동산을 볼 수 있는 안목과 꾸준한 현장답사만이, 부동산경매로 성공하기 위한 지름길이다.

　이 책은 부동산경매를 처음 공부하고 부동산 투자를 하려고 하는 독자에게 꼭 필요한 내용을 중심으로 다루었다. 경매의 매력 때문에 한번 낙찰을 받은 투자자는 일반매매로 부동산을 구입하지 않는 경우를 자주 보게 된다. 시세보다 '싸게' 살 수 있다는 매력 때문이다. 어쩌다 한 번인 '운'을 바라는 게 아니라면 어느 분야나 마찬가지로 노력하는 사람에게 기회가 오는 것은 진리인 듯싶다.

　이 책이 그 기회에 가깝게 다가갈 수 있는 지침서가 되길 바란다.

Contents

저자서문 • 5

01 경매의 기본개념 • 9
1. 임의경매와 강제경매 • 10
2. 경매의 장·단점 • 13
3. 부동산 경기동향과 경매 • 14

02 경매절차 해설 • 15
1. 경매물건 접근방법 • 16
2. 입찰방법 • 26
3. 경매절차 • 36

03 권리분석 • 41
제1절. 서설 • 42
제2절. 말소 기준권리 • 48
제3절. 등기부 권리분석 • 51
제4절. 기타 권리분석 • 96

04 주택임대차보호법 •101

제1절. 법적 성격 •102
제2절. 대항력 •105
제3절. 보증금의 회수 •117
제4절. 존속기간의 보장과 차임 등의 증감청구권 •129

05 상가건물임대차 보호법 •133

제1절. 법적 성격과 적용범위 •134
제2절. 대항력과 보증금회수 •137
제3절. 존속기간의 보장과 차임증감청구권 •141
제4절. 임차권의 소멸과 법정갱신 •143
제5절. 계약의 갱신 •144

06 권리분석 실전사례 •147

아파트 •148
다세대주택 •156
연립주택 •164
오피스텔 •172
단독주택 •180
토지 •188

제1장

경매의 기본개념

1. 임의경매와 강제경매

1) 경매

(1) 일반적 경매

경매는 경쟁적 매매로서, 다수의 매수 희망자 중에서 최고가격으로 청약을 한 사람에게 매도승낙을 함으로써 이뤄지는 매매의 한 형태이다.
즉, 돈을 빌려 간 채무자가 약속한 날짜까지 차용한 돈을 갚지 못할 경우, 돈을 빌려준 채권자의 신청에 의해 법원에서 대신 돈을 받아주는 것을 말한다.

(2) 사전적 의미

경매(법원경매)란 법원의 강제집행절차를 통하여 채무자 소유의 재산을 매각하여 그 대금으로 채권자의 금전 채권에 충당시키는 것을 목적으로 하는 절차다.

(3) 법률적 의미

경매(법원경매)란 부동산에 대한 강제집행(금전집행)의 한 방법이다.

2) 임의경매와 강제경매

(1) 의의

법원경매는 다시 임의경매(任意競賣)와 강제경매(强制競賣)로 나누어진다.

임의경매	저당권, 전세권, 가등기담보권 등 담보물권 실행을 위한 경매
강제경매	확정판결 등 채무명의에 의한 경매

(2) 차이점

❶ 낙찰자가 낙찰대금을 완납함으로써 소유권을 취득한 후에 임의경매에서는 경매신청 전에 저당권 등 담보권에 부존재, 무효 등의 사유가 있는 때에는 낙찰자의 소유권취득도 무효가 되지만, 강제경매에서는 채무명의에 표시된 권리가 당초부터 무효라고 하더라도 낙찰자의 소유권취득이 그대로 인정되는데, 이는 경매의 경우에는 공신력(公信力)이 있다는 의미이다.

❷ 따라서 임의경매에서는 낙찰자가 낙찰대금을 납부하기 전까지는 담보권 부존재 등을 이유로 언제든지 경매개시결정에 대한 이의를 할 수 있고 또 경락허가결정에 대한 즉시항고로도 다툴 수 있지만 강제경매에서는 채무명의에 표시되어 있는 채권의 부존재 등을 다투려면 경매절차 밖에서 청구이의소로서 다투어야지 경매개시결정에 대한 이의를 할 수도 없고 나아가서 경락허가에 대한 이의신청사유나 항고사유로도 되지 않는다. 다만 저당권등기 등의 실체적 사유가 아니라 경매절차상의 하자

는 임의경매나 강제경매냐를 불문하고 경매개시결정에 대한 이의사유가 된다.

❸ 일반인의 입장에서는 강제경매와 임의경매를 엄밀히 구별할 필요는 없으며, 다만 정보지 상에 '임의'라고 되어있으면 임의경매를, '강제'라고 되어있으면 강제경매를 의미한다는 정도만 이해하면 된다.

2. 경매의 장·단점

1) 경매의 장점

- 시세보다 싸게 부동산을 구입할 수 있다.
- 부동산 거래물건이 다양하고 풍부하다.
- 정부의 토지허가규제로부터 자유롭다.
- 부동산 매매가격을 매수자가 결정한다.

2) 경매의 단점

- 인도·명도 문제가 따른다.
- 경매물건의 입찰 시 변수가 많다.
- 권리분석에 대한 지식이 필요하다.

3. 부동산 경기동향과 경매

부동산 경기가 호황기(好況期)라서 가격이 오르고 있을 때에는 당연히 경매시장에서도 많은 수요자가 몰려 가격이 오를 것이지만, 다른 한편 다시 되팔 때는 또다시 가격이 오를 것이고 그런 만큼 환금성도 보장될 것이다.

반대로 침체기(沈滯期) 때에는 경매 수요자가 적어 낙찰가가 떨어지는 측면은 있으나, 낙찰받은 이후에도 계속 가격이 하락하게 될 뿐만이 아니라, 그 물건을 찾는 사람도 없어 다시 되팔기가 쉽지 않아 환금성도 떨어진다.

결국 저자의 생각으로는, 어차피 부동산 경기의 예측이 어려워 전문가조차도 제대로 알기 어려운 것이 현실이고 보면, 부동산 경기 여부에 따라 경매에 참여하고 안 하고를 결정하기보다는, 언제든지 경매에 참여할 당시로써는 일반 매물 가격보다 좀 더 싸게 살 수 있다는 점을 고려하는 것이 옳다고 생각한다.

제2장
경매절차 해설

1. 경매물건 접근방법

1) 경매정보지에 의한 물건 선택

경매정보지에 의한 물건 선택 시 다음 사항을 점검하여야 한다.

❶ 말소기준권리분석
❷ 경매신청권자 확인
❸ 청구채권액 확인
❹ 대위변제 가능성 확인
❺ 최우선변제금 지급기준권리 확인
❻ 물건분석 및 가격시점 확인
❼ 수익분석
❽ 명도분석

2) 현장답사, 시세조사 및 동사무소, 구청, 등기소 방문

(1) 현장답사

경매물건의 현장답사를 반드시 하여야 한다. 참고로 낙찰된 물건에 대한 현장답사 등을 통하여 낙찰자의 입찰금액을 분석해 보는 것도 경매투자의 감을 잡을 수 있는 한 방법이 될 수 있다.

(2) 시세조사

시세조사는 경매부동산 인근에 소재하는 중개업소 두 군데 이상을 방문하여 현재의 부동산가치 및 미래가치에 대한 조사를 하여야 한다.

(3) 동사무소 방문

경매부동산을 관할하는 동사무소에 가서 주소별 세대열람내역을 확인하여 전입자 및 전입일자를 확인하여야 한다.

(4) 구청방문

경매대상 부동산을 관할하는 구청이나 시청 또는 군청에 가서 건축물대장, 토지대장, 토지이용계획확인원, 지적도, 개별공시지가 확인원을 발급받도록 하자. 이는 물건분석의 한 방편이 될 수 있다.

(5) 등기소 방문

부동산 관할 등기소 또는 대법원 홈페이지에서 부동산등기부등본을 발급받아 최종적인 권리분석을 하여야 한다.

3) 매각물건명세서, 현황조사보고서, 감정평가서 열람

매각기일 7일 전에 경매법원 민사집행과를 방문하여 매각물건명세서와 현황조사보고서 및 감정평가서를 열람하여야 한다. 참고로 대법원(www.scourt.go.kr)의 법원경매정보 사이트(www.courtauction.go.kr)를 방문하여 초기화면 경매정보검색창의 '경매물건검색'에 들어가서 경매법원을 선택하여 담당 경매계를 클릭하면 매각물건명세서 등을 확인할 수 있다.

▼ 북부5계 2011-18772

병합/중복	중복:2012-11204(국민은행)				
소 재 지	서울 노원구 상계동 652 상계주공 1105동 13층 1306호 [도로명주소]				
경매구분	강제(기일)	채 권 자	신한카드	낙찰일시	12.07.30 (종결:12.10.09)
용 도	아파트	채무/소유자	오○○	낙찰가격	217,599,900
감 정 가	270,000,000	청 구 액	7,676,276	경매개시일	11.10.18
최 저 가	216,000,000 (80%)	토지총면적	43.36 m² (13.12평)	배당종기일	12.01.09
입찰보증금	10% (21,600,000)	건물총면적	58.01 m² (17.55평)[24평형]	조 회 수	금일1 공고후65 누적128

우편번호및주소/감정서	물건번호/면적(m²)	감정가/최저가/과정	임차조사	등기권리
139-200 서울 노원구 상계동 652 상계주공 1105동 13층 1306호 ●감정평가서정리 - 동일초등학교동측인근 - 주위대단위아파트단 지,학교및근린생활시 설등형성된주거지대 - 차량출입가능,제반교 통상황보통 - 인근버스(정)및마들역 소재 - 난방설비 - 부정형대체로평탄한토 지 - 단지내외도로개설 - 주택건설용지 - 도시지역 - 3종일반주거지역 - 1종지구단위계획구역 (상계1,2단지택지,자세 한사항별도확인:도시 관리과) - 가축사육제한구역 - 대공방어협조구역 (위탁고도:77-257m) - 과밀억제권역 - 학교환경위생정화구역 (최종확인은관할교육 청예반드시확인) - 한강폐기물매립시설설 치제한지역 (자세한사항은자원순 환과로문의) 2011.11.03 드림감정	물건번호: 단독물건 대지 43.36/85205 (13.12평) 건물 58.01 (17.55평) 방2 15층-88.09.30보존	감정가 270,000,000 ・대지 189,000,000 (70%) (평당 14,405,488) ・건물 81,000,000 (30%) (평당 4,615,385) 최저가 216,000,000 (80.0%) ●경매진행과정 270,000,000 ① 유찰 2012-06-18 20%↓ 216,000,000 ② 낙찰 2012-07-30 217,599,900 (80.6%) - 응찰 : 1명 - 낙찰자:김○○ 허가 2012-08-06 납부 2012-09-13 종결 2012-10-09	●법원임차조사 정○○ 전입 2010.06.30 확정 2010.06.30 배당 2011.12.14 (보) 109,000,000 주거/전부 점유기간 2010.6.29-2012.6.2 *전입세대주 오○○ 가족은 거주하지 않는다고 진술하였 음. ●지지옥션세대조사 10.06.30 강○○ 주민센터확인:2012.06.08	소유권 오○○ 2006.11.06 전소유자:한○○ --- 저당권 국민은행 마들역 2006.11.06 78,000,000 --- 저당권 국민은행 마들역 2009.10.15 25,200,000 --- 저당권 우리은행 구로동 2010.08.19 60,000,000 --- 가압류 신한카드 2011.08.03 7,185,018 --- 가압류 삼성카드 강북콜렉션 2011.09.01 6,593,808 --- 강 제 신한카드 노원채권 2011.10.18 *청구액:7,676,276원 --- 임 의 국민은행 여신관리집중 2012.05.14 2011타경11204 --- 등기부채권총액 176,978,826원 열람일자 : 2012.05.31

전입세대열람 내역(동거인포함)

행정기관 : 서울특별시 노원구 상계8동
작업일시 : 2012년 06월 08일 09:25
페이지 : 1

주소 : 서울특별시 노원구 (일반+지하) 주공아파트 1105동 1306호
서울특별시 노원구 상계동 (일반+산) 652 주공아파트 1105동 1306호

순번	세대주성명	전입일자	등록구분	최초전입자	전입일자	등록구분	동거인수	동거인사항 순번 성명 전입일자 등록구분
		주소						
1	김OO (姜OO)	2010-06-30	거주자	김OO	2010-06-30	거주자		
	서울특별시 노원구 동일로227길 25, (10/7) 1105동 1306호 (상계동,주공아파트)							

- 이하여백 -

서울북부지방법원 2011-18772 부동산표시목록

번호	소재지	용도/구조/면적	비고
1	서울특별시 노원구 상계동 652 상계주공아파트 1105동 13층 1306호	1동의 건물의 표시 서울특별시 노원구 상계동 652 상계주공아파트 철근콘크리트 벽식조 콘크리트 평지붕 15층 아파트 1층 348.82㎡ 2층 447.36㎡ 3층 447.36㎡ 4층 447.36㎡ 5층 447.36㎡ 6층 447.36㎡ 7층 447.36㎡ 8층 447.36㎡ 9층 447.36㎡ 10층 447.36㎡ 11층 447.36㎡ 12층 447.36㎡ 13층 447.36㎡ 14층 447.36㎡ 15층 447.36㎡ 지하층 451.39㎡ 전유부분의 건물의 표시 건물의 번호 : 1105동 13층 1306호 구 조 : 철근콘크리트 벽식조 면 적 : 58.01㎡ 대지권의 목적인 토지의 표시 토 지 의 표시 : 1. 서울특별시노원구상계동652 대 47982.6㎡ 2. 서울특별시노원구상계동656 대 37222.4㎡ 대지권의 종류 : 1. 소유권 2. 소유권 대지권의 비율 : 1. 85205 분의 43.36 2. 85205 분의 43.36	---

부동산강제경매

- 서울북부지방법원 2011-18772[1] 매각물건명세서 -

서울 노원구 상계동 652 상계주공아파트 1105동 13층 1306호

사건	2011타경18772 부동산강제경매 2012타경11204(중복)		매각물건번호	1	담임법관(사법보좌관)	김OO
작성일자	2012.07.12		최선순위 설정일자		2006.11.06.근저당권	
부동산 및 감정평가액 최저매각가격의 표시	부동산표시목록 참조		배당요구종기		2012.01.09	

점유자의 성명	점유부분	정보출처 구분	점유의 권원	임대차 기간 (점유기간)	보증금	차임	전입신고일자. 사업자등록신 청일자	확정일자	배당요구 여부 (배당요구 일자)
정미경	전부	현황조사	주거 임차인	미상	1억900만원	없음	2010.06.30.	미상	
	전체	권리신고	주거 임차인	2010.06.29.부터 2012.06.29.까지	1억900만원		2010.06.30.	2010.06.30.	2011.12.14

< 비고 >

※ 최선순위 설정일자보다 대항요건을 먼저 갖춘 주택.상가건물 임차인의 임차보증금은 매수인에게 인수되는 경우가 발생할 수 있고, 대항력과 우선 변제권이 있는 주택.상가건물
임차인이 배당요구를 하였으나 보증금 전액에 관하여 배당을 받지 아니한 경우에는 배당받지 못한 잔액이 매수인에게 인수되게 됨을 주의하시기 바랍니다.

※ 등기된 부동산에 관한 권리 또는 가처분으로 매각허가에 의하여 그 효력이 소멸되지 아니하는 것
해당사항 없음
※ 매각허가에 의하여 설정된 것으로 보는 지상권의 개요
해당사항 없음
※ 비고란

※ 주1 : 경매, 매각목적물에서 제외되는 미등기건물 등이 있을 경우에는 그 취지를 명확히 기재한다.
　　2 : 최선순위 설정일자보다 먼저 설정된 가등기담보권, 가압류 또는 소멸되는 전세권이 있는 경우에는 그 담보가등기, 가압류 또는 전세권
　　　등기일자를 기재한다.

서울북부지방법원 2011-18772 현황조사내역

■ 임대차정보

번호	소재지	임대차관계
1	서울특별시 노원구 상계동 652 상계주공아파트 1105동 13층 1306호	1명

■ 점유관계

소재지	1. 서울특별시 노원구 상계동 652 상계주공아파트 1105동 13층 1306호
점유관계	임차인(별지)점유
기타	- 전입세대주 오OO 가족은 거주하지 않는다고 진술하였음.

■ 임대차관계

[소재지] 1. 서울특별시 노원구 상계동 652 상계주공아파트 1105동 13층 1306호

	점유인	정OO	당사자구분	임차인
1	점유부분	전부	용도	주거
	점유기간	미상		
	보증(전세)금	1억900만원	차임	
	전입일자	2010.06.30.	확정일자	미상

경매절차 해설

2011-1007

(아파트)감정평가표

본 감정평가서는 부동산가격공시 및 감정평가에 관한 법률에 따라 공정, 성실하게 감정평가하였음.

감 정 평 가 사 (인)

평가가액	一金이억칠천만원整 (₩270,000,000.-)			
평가의뢰인	서울북부지방법원 사법보좌관 서○○	평가목적	경매	
소유자또는 대상업체명	오○○ (2011타경18772)	제출처	경매5계	
채무자	-	평가조건	-	
목록표시근거	귀 제시목록	가격시점 2011.11.03	조사기간 2011.10.31-2011.11.03	작성일자 2011.11.03

평가내용	공 부 (의 뢰)		사 정		평 가 액	
	종별	면적(㎡)	종별	면적(㎡)	단 가	금 액
	건물	58.01	건물	58.01	일괄	270,000,000
	대	43.36 85.205x----- 85205		43.36		
		이	하	여	백	
합 계						₩270,000,000

평가가액 산출근거 및 그결정에관한 의견

" 별 지 참 조 "

드림감정평가사사무소

경매사건검색

> 검색조건 법원 : 서울북부지방법원 | 사건번호 : 2011타경18772

사건내역 | 기일내역 | 문건/송달내역

사건기본내역

사건번호	2011타경18772	사건명	부동산강제경매
중복/병합/이송	2012타경11204(중복)		
접수일자	2011.10.17	개시결정일자	2011.10.18
담당계	경매5계 전화 : 910-3675		
청구금액	7,676,276원	사건항고/정지여부	
종국결과	미종국	종국일자	

배당요구종기내역

목록번호	소재지	배당요구종기일
1	서울특별시 노원구 상계동 652 상계주공아파트 1105동 13층 1306호	2012.01.09

항고내역

물건번호	항고제기자	항고접수일자	항고		재항고		확정여부
		접수결과	사건번호	항고결과	사건번호	재항고결과	
검색결과가 없습니다.							

물건내역

물건번호	1	물건용도	아파트	감정평가액	270,000,000원
물건비고					
목록1	서울특별시 노원구 상계동 652 상계주공아파트 1105동 1층 1306호		목록구분	집합건물	비고 미종국
물건상태	매각준비 -> 매각공고 -> 매각 -> **매각허가결정**				
기일정보			최근입찰결과	2012.07.30 매각(217,599,900원) 2012.08.06 최고가매각허가결정	

: 등기기록 열람

목록내역

목록번호	소재지	목록구분	비고
1	서울특별시 노원구 상계동 652 상계주공아파트 1105동 13층 1306호	집합건물	미종국

당사자내역

당사자구분	당사자명	당사자구분	당사자명
채권자	신한카드 주식회사	채무자겸소유자	오○○
임차인	정○○	근저당권자	주식회사국민은행
근저당권자	주식회사우리은행	가압류권자	신한카드 주식회사
가압류권자	삼성카드 주식회사	교부권자	마포세무서
교부권자	서울특별시노원구(징수과)	교부권자	마포세무서(부가가치세과)

경매사건검색

> 검색조건 법원 : 서울북부지방법원 | 사건번호 : 2011타경18772

사건내역 | **기일내역** | 문건/송달내역

기일내역

물건번호	감정평가액	기일	기일종류	기일장소	최저매각가격	기일결과
1	270,000,000원	2012.06.18(10:00)	매각기일	도봉동 신청사 10 1호 법정	270,000,000원	유찰
		2012.07.30(10:00)	매각기일	도봉동 신청사 10 1호 법정	216,000,000원	매각 (217,599,900원)
		2012.08.06(14:00)	매각결정기일	도봉동 신청사 10 1호 법정		최고가매각허가결정
		2012.09.13(14:00)	대금지급기한	민사신청과 경매 5계		진행

경매사건검색

> 검색조건 법원 : 서울북부지방법원 | 사건번호 : 2011타경18772

사건내역 | 기일내역 | **문건/송달내역**

중복/병합사건 선택하세요

문건처리내역

접수일	접수내역	결과
2011.10.18	등기소 북부등기소 등기필증 제출	
2011.10.25	가압류권자 삼성카드 주식회사 채권계산서 제출	
2011.10.26	채권자 신한카드 주식회사 채권계산서 제출	
2011.10.28	교부권자 마포세무서 교부청구 제출	
2011.10.31	법원 북부 집행관 이○○ 현황조사서 제출	
2011.11.04	채권자 신한카드 주식회사 특별송달신청 제출	
2011.11.09	감○○ ○○감정평가사사무소 감정평가서 제출	
2011.11.10	근저당권자 주식회사우리은행 채권계산서 제출	
2011.11.14	근저당권자 주식회사우리은행 채권계산서 제출	
2011.12.14	임차인 정○○ 권리신고및배당요구신청 제출	
2011.12.19	교부권자 노원구 교부청구 제출	
2012.02.28	채권자 신한카드 주식회사 야간송달신청 제출	
2012.04.05	채권자 신한카드 주식회사 야간송달신청 제출	
2012.05.21	채권자 신한카드 주식회사 보정서 제출	
2012.06.19	교부권자 마포세무서(부가가치세과) 교부청구 제출	
2012.07.26	임차인 정○○ 열람및복사신청 제출	

송달내역

송달일	송달내역	송달결과
2011.10.19	채무자겸소유자 오○○ 개시결정정본 발송	2011.10.20 수취인불명
2011.10.19	채권자 신한카드 주식회사 대표이사 이재우 개시결정정본 발송	2011.10.20 도달
2011.10.19	감정인 박○○ 평가명령 발송	2011.10.21 도달
2011.10.19	가압류권자 삼성카드 주식회사 최고서 발송	2011.10.19 도달
2011.10.19	가압류권자 신한카드 주식회사 최고서 발송	2011.10.19 도달
2011.10.19	근저당권자 주식회사우리은행 최고서 발송	2011.10.19 도달
2011.10.19	근저당권자 주식회사국민은행 최고서 발송	2011.10.19 도달
2011.10.19	최고관서 서울특별시 노원구청장 최고서 발송	2011.10.19 도달
2011.10.19	최고관서 노원세무서 최고서 발송	2011.10.19 도달
2011.10.24	채권자 신한카드 주식회사 대표이사 이재우 주소보정명령등본 발송	2011.10.26 도달
2011.11.01	임차인 정○○ 임차인통지서 발송	2011.11.07 도달
2011.11.01	임차인 오○○ 임차인통지서 발송	2011.11.03 수취인불명
2011.11.07	법원 서울중앙지방법원 집행관 귀하 촉탁서 발송	2011.11.09 도달
2011.11.07	채무자겸소유자1 오○○ 개시결정정본 발송	2011.12.01 도달
2011.11.08	임차인 오○○ 임차인통지서 발송	2011.11.08 도달
2012.02.20	채권자 신한카드 주식회사 대표이사 이재우 보정명령등본 발송	2012.02.21 도달
2012.02.20	채무자겸소유자 오○○ 개시결정정본 발송	2012.02.21 수취인불명
2012.03.02	채무자겸소유자1 오○○ 개시결정정본 발송	2012.03.09 기타송달불능
2012.03.02	법원 서울북부지방법원 집행관 귀하 촉탁서 발송	
2012.03.27	채권자 신한카드 주식회사 대표이사 이재우 주소보정명령등본 발송	2012.03.29 도달
2012.04.06	법원 서울중앙지방법원 집행관 귀하 촉탁서 발송	2012.04.12 도달
2012.04.19	채무자겸소유자1 오○○ 개시결정정본 발송	2012.04.29 도달
2012.05.09	채권자 신한카드 주식회사 대표이사 이재우 보정명령등본 발송	2012.05.11 도달
2012.05.17	채권자 신한카드 주식회사 대표이사 이재우 중복경매통지서 발송	2012.05.18 도달
2012.05.17	채무자겸소유자 오○○ 중복경매통지서 발송	2012.05.21 도달
2012.05.30	채권자 신한카드 주식회사 대표이사 이재우 매각및 매각결정기일통지서 발송	2012.05.30 도달
2012.05.30	채무자겸소유자 오○○ 매각및 매각결정기일통지서 발송	2012.05.30 도달
2012.05.30	임차인 정○○ 매각및 매각결정기일통지서 발송	2012.05.30 도달
2012.05.30	근저당권자 주식회사국민은행 매각및 매각결정기일통지서 발송	2012.05.30 도달
2012.05.30	근저당권자 주식회사우리은행 매각및 매각결정기일통지서 발송	2012.05.30 도달
2012.05.30	교부권자 마포세무서 매각및 매각결정기일통지서 발송	2012.05.30 도달
2012.05.30	교부권자 서울특별시노원구(장수과) 매각및 매각결정기일통지서 발송	2012.05.30 도달
2012.08.16	최고가매수인 대금지급기한통지서 발송	

2. 입찰방법

1) 법원가기 전의 준비

❶ 최저입찰가의 10% 또는 20%를 현금 또는 수표로 입찰보증금으로 준비하고, 본인이 입찰 시는 도장과 신분증(주민등록증, 운전면허증, 여권 중 하나)을 준비한다.

	구 분	준 비 물
본 인 입 찰	개 인	① 신분증(주민등록증, 운전면허증, 여권 중 하나) ② 도장 ③ 매수보증금
	법 인	① 법인등기부등본 ② 법인인감증명 ③ 대표이사 신분증 ④ 법인인감도장 ⑤ 매수보증금
	법률행위 무능력자	① 법정대리인 신분증 ② 법정대리인 증명서류(가족관계등록부) ③ 대리인 도장 ④ 매수보증금
대 리 입 찰	개 인	① 대리인 신분증 ② 본인의 위임장(본인 인감도장 날인 必) ③ 본인 인감증명서 ④ 대리인 도장 ⑤ 매수보증금
	법 인	① 대리인을 증명하는 위임장 ② 대리인 신분증 ③ 대리인 도장 ④ 법인등기부등본 ⑤ 법인인감증명 ⑥ 매수보증금

- 대리입찰 시는 대리인의 도장과 신분증, 그리고 본인의 인감이 날인된 위임장과 인감증명서를 준비한다.
- 입찰자가 법인인 경우에는 대표자가 입찰에 참가할 경우에는 대표자의 도장과 신분증 외에 법인의 등기부등본 또는 초본을 첨부해야 하고, 법인의 직원 등이 입찰에 참가할 경우에는 그 직원의 도장과 신분증 외에 대표자의 위임장과 법인의 인감증명서 및 법인의 등기부등본을 첨부해야 한다.

❷ 입찰 당일 경매개시 약 30분 전쯤 법원에 도착해서 경매법정 입구에 게시되어 있는 입찰사건목록표를 읽어 보고 경매가 진행되는지 아니면 취하, 변경, 연기되었는지를 확인하고 좌석에 앉아 입찰개시를 기다린다.

2) 법원의 입찰 진행 순서

법원은 다음과 같은 순서로 입찰을 진행시킨다(입찰 시작부터 약 3시간 정도면 끝난다).

❶ 경매개시 시각이 되면 집행관이 경매개시를 알림과 동시에 약 10분간 경매에 관한 일반적인 설명을 들려준다.
❷ 이어서 입찰표와 입찰봉투, 입찰보증금 봉투를 무료로 배부받음과 동시에 법대열람과 입찰봉투 투함이 시작된다.
❸ 약 30~40분의 법대열람시간 동안 권리변동사항 등 마지막 자

료를 점검한다.

❹ 기재대에서 입찰표, 입찰봉투, 보증금 봉투에 기재사항을 적는다(기재대에는 칸막이와 커튼이 쳐져 있고 필기도구 등이 비치되어 있다).

❺ 집행관에게 입찰표와 보증금 봉투를 안에 집어넣은 입찰봉투를 제출한다.

❻ 집행관은 번호표 부분을 찢은 후 입찰봉투와 번호표를 입찰참여자에게 돌려주는데, 입찰 참여자는 번호표를 잘 간직하고, 입찰봉투는 사건번호가 안 보이도록 반을 접어 법대 앞의 유리함에 투함한다.

❼ 개찰되면 자신의 사건번호가 호명될 때까지 좌석에 앉아서 기다린다.

❽ 사건번호가 호명되어 최고가매수인으로 결정되면 번호표를 반납하고 입찰보증금 영수증을 받아 나오고, 최고가매수인이 아니면 번호표를 반납하면서 보증금 봉투를 반환받는다.

3) 입찰표 기재요령

- 입찰참가자는 입찰표에 사건번호, 물건번호, 입찰자의 성명과 주소, 입찰가액, 보증금액을 기재하고 날인해야 하며, 입찰표는 응찰하고자 하는 물건마다 1장의 용지를 사용해야 한다.
- 1장의 입찰표에 여러 개의 사건번호를 기재하면 무효로 처리되며, 일단 제출된 입찰표는 취소, 변경, 교환이 불가능하므로 주의해야 한다.

(1) 사건번호와 물건번호

사건번호는 반드시 기재해야 하며, 물건번호는 한 사건에서 2개 이상의 물건을 개별적으로 입찰에 부쳐진 경우에 기재하는데 만일 물건번호가 없으면 쓸 필요가 없다.

(2) 입찰자 및 대리인의 인적사항

- 입찰자가 법인인 경우는 본인의 성명란에 법인의 이름과 대표자의 지위 및 성명을, 그리고 주민등록번호란에는 법인등록번호를 기재한다.
- 주소는 주민등록상의 주소를, 법인은 등기부상의 본점소재지를 기재한다.
- 날인은 대리인의 도장만 날인하면 되고 어떤 경우든 무인(拇印)은 인정되지 않는다.

(3) 입찰가액 및 보증금액

- 입찰가액은 법원이 공고한 최저입찰가액 이상이어야 하고, 보증금은 최저입찰가의 10% 또는 20%에 해당하는 금액을 아라비아 숫자로 기재해야 한다.
- 금액의 기재는 수정할 수 없으므로 수정을 원할 경우에는 새로운 용지를 사용해야 한다.

(4) 보증금 반환란 및 기재장소

금액기재란 밑의 보증금 반환란은 입찰에서 떨어진 사람이 보증금을 돌려받을 때 영수증 대신 기재하는 것이므로 미리 기재해서는 안 된다.

(앞면)																						
				기 일 입 찰 표																		
서울중앙지방지방법원 집행관 귀하									입찰기일 : 2012년 10월 11일													
사건번호			2009 타경 12345 호							물건번호				2								
입찰자	본인	성 명			홍 길 순							전화번호		010-7777-8888								
		주민(사업자)등록번호			123456-2345678							법인등록번호										
		주 소			서울시 강남구 삼성동 777-7																	
	대리인	성 명										본인과의 관계										
		주민등록번호										전화번호										
		주 소																				
입찰가격	천억	백억	십억	억	천만	백만	십만	만	천	백	십	일	보증금액	백억	십억	억	천만	백만	십만	만	천	백	십	일
				6	1	1	1	1	0	0	1	0 원					5	0	0	0	0	0	0	0 원
보증의 제공방법		☑ 현금·자기앞수표 ☐ 보증서										보증을 반환 받았습니다. 입찰자 홍 길 순										

4) 보증금 봉투, 입찰봉투의 작성 및 투입요령

(1) 보증금 봉투

- 입찰보증금을 입찰보증금 봉투(흰색 작은 봉투)에 넣고 풀칠하여 봉한 후, 봉투의 앞면에는 사건번호, 물건번호, 제출자의 성명을 기재하고 날인한다.

- 대리입찰의 경우에는 대리인이 제출자로 되며, 사건번호, 물건번호의 기재요령은 입찰표와 같다.
- 또한 보증금 봉투의 뒷면에는 날인의 표시가 되어 있는 곳에 날인해야 한다.
- 만일 보증금이 모자라면 신청인의 입찰이 무효로 되므로 주의해야 한다.

(2) 입찰봉투

- 입찰보증금을 넣고 봉한 입찰 보증금 봉투와 입찰표를 입찰봉투(황색 큰 봉투)에 넣고 봉한 후, 입찰봉투의 앞면에는 사건번호, 물건번호 및 입찰자의 성명을 기재해야 한다.
- 입찰봉투의 뒷면에는 날인의 표시가 있는 곳에 날인해야 하며, 입찰하고자 하는 물건마다 1개의 봉투를 사용해야 한다.

(3) 입찰봉투 투입요령

- 입찰봉투를 다 봉한 후 입찰함에 투입하기 전에 집행관에게 제출하면 집행관은 봉투에 일련번호를 부여하고 입찰자용 수취증의 절취선에 날인한 후 봉투의 수취증을 찢어 봉투와 수취증을 다시 입찰자에게 반환하는데, 입찰자는 수취증은 간직하고 봉투는 유리로 된 투명입찰함에 투입하면 된다.
- 수취증은 잘 보관했다가 나중에 입찰에 떨어져 보증금을 반환받을 때 제출해야 한다.

5) 입찰금액의 결정

입찰금액을 결정하는데 있어서는 다음 세 가지를 유의해야 한다.

(1) 시가(時價)

- 감정가는 들쭉날쭉해서 때로는 시가보다 턱없이 높고 또 때로는 시가보다 턱없이 낮다.
- 시가확인 방법으로는 인근 부동산업소를 활용한다.
- 서너 군데 업소에 문의하여 가격을 평균해보는 것이 바람직하다.

(2) 평균 낙찰가액

- 아무리 그 물건이 마음에 든다 하더라도 과거의 평균 낙찰가액을 훨씬 상회하는 금액으로 입찰할 필요는 없을 것이다.
- 평균낙찰가액은 경매업소에 문의하거나 아니면 스스로 과거의 자료를 분석한다.

(3) 입찰 당일날의 입찰경쟁률

- 단독 입찰(자기 혼자 입찰)하면서 최저경매가보다 훨씬 높은 금액을 쓰는 것은 바람직하지 않다.
- 개인이 스스로 입찰할 때는 일찍 법원에 가서 법대열람을 시작하자마자 그 물건의 자료를 먼저 열람하고서 법원을 나오지 말고 계속 몇 사람이나 더 열람하는지를 지켜본다.

6) 개찰 및 최고가매수인의 결정

- 개찰결과 응찰자 중 최고의 가격으로 응찰한 사람이 최고가입찰자로 정해진다.
- 만일 그 사람이 보증금을 제출하지 않았으면 그의 응찰은 무효로 되고 바로 다음 가격으로 응찰한 사람이 최고가입찰자로 정해진다.
- 만일 최고가응찰자가 2인 이상이면 그들만을 상대로 즉시 추가입찰을 실시하는데, 또다시 2인 이상이 최고가로 응찰한 경우에는 추첨에 의해 최고가입찰자를 결정한다(이때 처음 가격보다 낮은 가격으로 입찰 불가).
- 최고가입찰자 및 차순위입찰신고인 이외의 입찰자가 제출한 입찰보증금은 입찰법정에서 즉시 반환한다.
- 이때 간직하고 있던 입찰자용 수취증과 주민등록증을 제시하고 보증금을 수령한다.
- 보증금을 수령하는 때에는 영수증을 작성하는 대신 입찰표의 보증금반환란에 서명 날인하면 된다.

7) 차순위매수신고

- 최고가입찰자 이외의 입찰자 중 최고가입찰액에서 보증금을 공제한 액보다 높은 가격으로 응찰한 사람은 차순위매수신고를 할 수 있다.

- 즉 최고가입찰가가 1억이고 그때의 입찰보증금이 2천만원이라면 8천만원 이상 1억 미만을 써낸 응찰자는 차순위매수신고가 가능하다.
- 만일 그때의 입찰보증금이 1천만원이었다면 입찰가를 9천만원 이상 1억원 미만을 써낸 입찰자가 차순위매수신고가 가능하다.
- 차순위매수신고를 하면 최고가입찰자의 개인적인 사정으로 낙찰이 불허가되거나 아니면 그가 낙찰잔금을 납부하지 못할 경우에 다시 입찰을 실시하지 않고 차순위매수신고인에게 낙찰이 허가된다.
- 낙찰자의 잔금미납이 흔하지 않을 뿐만 아니라 낙찰자가 잔금을 납부하기 전까지는 보증금을 반환받지 못하는 등의 불편이 따르므로 저자의 생각으로는 굳이 차순위매수신고를 하지 않는 것이 바람직하다고 본다.

8) 주의사항

다음과 같은 경우는 입찰이 무효로 되므로 주의해야 한다.

❶ 입찰금액란이나 보증금액란을 공란으로 쓴 경우

- 입찰가격만 기재하고 보증금의 기재를 누락하였으나 보증금 봉투에는 법정보증금 이상이 들어 있는 경우에는 그 자리에서 보정한 후 유효로 처리한다.
- 반대로 입찰표에 보증금을 기재하고 보증금 봉투에도 그 상당액이 들어 있으

나 입찰가격을 기재하지 않은 경우에는 무효이다.
- 입찰가격이 최저입찰가격에 미달하는 경우에도 무효이다.

❷ 입찰금액란이나 보증금액란을 수정한 경우
- 입찰금액이나 보증금액을 잘못 썼을 경우에는 수정하지 말고 다시 써야 한다.

❸ 대리인에 의한 입찰의 경우에 위임장 또는 인감증명서가 누락되거나 또는 인감증명서상의 도장과 위임장에 찍혀있는 도장이 서로 다른 경우
- 위임장이 첨부되지 않은 경우에는 현장에서 즉시 제출하는 것이 가능한 경우에는 유효로 처리되기도 한다.

❹ 경매부동산의 물건번호가 누락되거나 입찰봉투상의 물건번호와 입찰표상의 물건번호가 완전히 다른 경우
- 한 장의 입찰표에 여러 개의 사건번호, 물건번호를 기재한 경우에도 무효이다.

❺ 입찰보증금액이 매각 조건상의 입찰보증금에 미달한 경우
❻ 하나의 경매사건에서 한 명의 대리인이 여러 사람을 대리했거나, 한 사건에서 한 사람이 여러 장의 입찰서를 제출한 경우
❼ 본인입찰 시 본인란이 공란이거나, 대리입찰 시 대리인란이 공란일 경우
❽ 경매사건의 채무자, 전(前)낙찰자, 입찰방해죄로 유죄판결을 받은 후 3년이 경과하지 않은 자 등 입찰에 참가할 수 없는 자가 입찰한 경우
❾ 법인의 입찰 시 법인의 인감증명서가 누락되거나 위임장 또는 법인등기부등본 등이 누락된 경우

3. 경매절차

경매절차는 대체로 ❶ 목적물을 압류하여, ❷ 현금화한 다음, ❸ 채권자의 채권을 변제하는 3단계의 절차로 진행된다. 다음부터 설명하는 내용은 2002년 7월 1일부터 시행된 민사집행법에 따른 것이다.

1) 경매신청 및 경매개시결정

채권자가 경매신청을 하면 법원은 경매개시결정을 하여 매각할 부동산을 압류하고 관할등기소에 경매개시결정의 기입등기를 촉탁하여 경매개시결정 사실을 등기부에 기입하도록 합니다.
법원은 경매개시결정 정본을 채무자에게 송달한다.

2) 배당요구의 종기 결정 및 공고

매각할 부동산이 압류되면, 집행법원은 채권자들이 배당요구를 할 수 있는 기간을 첫 매각기일 이전으로 정한다. 법원은 경매개시결정에 따른 압류의 효력이 생긴 때부터 1주일 안에 경매개시결정을 한 취지와 배당요구의 종기를 법원경매정보 홈페이지의 법원 경매공고란 또는 법원게시판에 게시하는 방법으로 공고한다.

3) 매각의 준비

법원은 집행관에게 매각할 부동산의 현상, 점유관계, 차임 또는 보증금의 액수, 기타 현황에 관하여 조사를 명하고, 감정인에게 매각할 부동산을 평가하게 합니다. 법원은 감정인의 평가액을 참작하여 최저매각가격을 정한다.

4) 매각방법 등의 지정·공고·통지

매각방법으로는, ❶ 매수신청인이 매각기일에 매각장소에서 입찰표를 제출하는 기일입찰방법과 ❷ 매수신청인의 지정된 입찰기간 안에 직접 또는 우편으로 입찰표를 제출하는 기간입찰방법이 있습니다. 법원은 두 방법 중 하나를 선택하고 매각기일 등을 지정하여 통지, 공고를 합니다.

5) 매각의 실시

기일입찰의 경우, 집행관이 미리 지정된 매각기일에 매각장소에서 입찰을 실시하여 최고가매수신고인과 차순위매수신고인을 정합니다.

6) 매각 결정절차

법원은 지정된 매각결정기일에 이해관계인의 의견을 들은 후 매각허가 여부를 결정한다. 매각허가 여부의 결정에 불복하는 이해관계인은 즉시 항고를 할 수 있다.

7) 매각대금의 납부

매각허가결정이 확정되면 법원은 매각대금의 지급기한을 정하여 매수인에게 매각대금의 납부를 명한다. 매수인은 지정된 지급기한 안에는 언제든지 매각대금을 납부할 수 있다. 매수인이 지정된 지급기한까지 매각대금을 모두 납부하지 아니하면, 법원은 차순위매수신고인이 있는 때에 그에 대하여 매각을 허가할 것인지 여부를 결정하고 차순위매수신고인이 없는 때에는 재매각을 명한다.

8) 소유권이전등기 등의 촉탁, 부동산 인도명령

매수인은 대금을 모두 납부하면 부동산의 소유권을 취득합니다. 법원은 매수인이 필요한 서류를 제출하면 관할등기소에 매수인 명의의 소유권이전등기, 매수인이 인수하지 아니하는 부동산에 관한 부담의 말소등기를 촉탁하게 된다. 매수인은 대금을 모두 납부한 후에는 부동산의 인도명령을 신청할 수 있다.

9) 배당절차

매수인이 매각대금을 모두 납부하면 법원은 배당기일을 정하고 이해관계인과 배당를 요구한 채권자에게 그 기일을 통지하여 배당을 실시하게 된다.

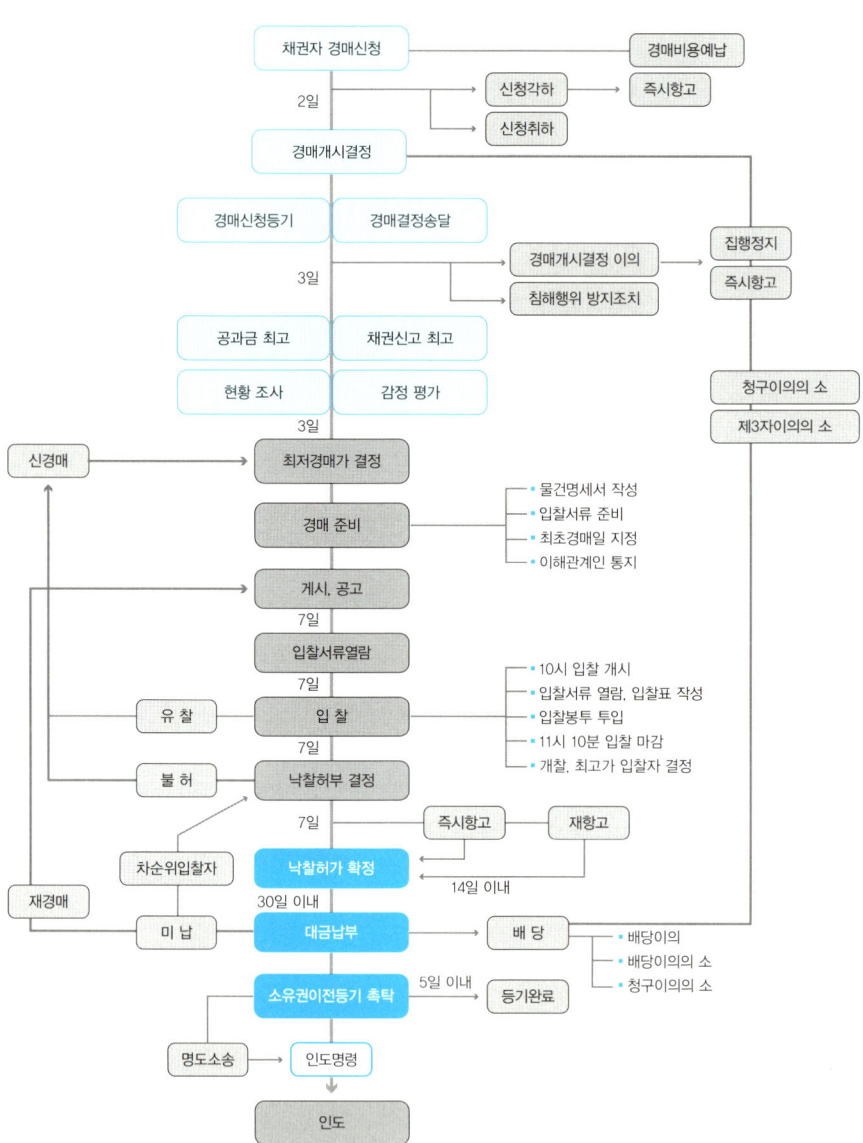

※ 경매신청에서 종료까지 기간은 통상적인 기간이며, 이의신청이나 송달 여부, 기타 절차 등에서 사건별로 기간이 다름.

제3장
권리분석

제1절. 서설

1. 의의

권리분석이란 민사집행법상의 규정에 의한 경매실무에서 나타나는 여러 권리 중 어떤 것이 소멸하고 어떤 것은 인수하게 되는지를 파악하는 것이다. 즉, 부동산경매에서의 권리분석은 등기부 분석과 임차인의 권리에 관한 분석을 의미하는 것이다. 부동산등기부상 경매결과 소멸되는 권리와 인수되는 권리를 분석하여야 하며, 임차인의 경우 경매결과 경매 매수자가 낙찰대금 이외에 임차금액을 추가로 인수하여 부담하는 금액 여부를 분석하는 것으로 정의할 수 있다. 따라서 권리분석은 경매특별법인 민사집행법 및 주택임대차보호법, 상가건물임대차보호법 등의 기타 경매 관련 특별법에 따라 소멸하는 권리와 인수하는 권리를 파악하는 경매 응찰의 한 단계로 경매 전문가나 매수희망자 등이 행하는 경매에 관한 사전적인 업무활동이라 할 것이다.

2. 물권 및 채권의 이해

1) 물권

부동산을 지배할 수 있는 권리로서 절대권이며, 물건에 대한 권리이고 배타적인 성격을 갖고 있다. 즉, 특정 물건에 대하여 배타적으로 지배하여 사용, 수익, 처분할 수 있는 권리이다. 이외에도 법률 이외에 관습법으로 인정되는 물권으로는, 일반적으로 일정 요건을 갖추면 지상권과 같은 효력을 갖게 되는 분묘기지권, 관습법상의 법정지상권, 양도담보 등이 있다.

물권의 종류로는 8가지가 있는데, 경매투자자 입장에서는 지상권과 전세권 그리고 저당권 및 유치권 정도만 숙지한다면 큰 무리는 없을 것이다.

2) 채권

물권을 특정 물건(=부동산)에 대한 배타적이고 독점적인 지배권이라고 한다면 채권은 특정인으로부터 일정한 행위를 청구할 수 있는 청구권에 불과하다. 임대차를 예로 들면 임차인은 임대인에 대하여 보증금을 지급할 의무가 있고, 반면 임차목적물의 명도를 요구할 권리가 있으며, 임대인은 임차인에 대하여 보증금을 지급받을 권리가 있고, 반면 임차목적물을 임차인에게 명도해 줄 의무가 있는 것이다. 이렇듯 임대인과 임차인 간의 관계와 같이 특정인에 대하여만 발생되는 청구권이 채권이다.

채권은 물권과 같은 절대권이 아닌 상대방에 대한 청구권이기 때문에 시간의 선후를 떠나서 동등한 지위를 가지게 되어 우선변제권이 없고, 이에 일반채권자들의 지위는 평등하다(=채권자 평등주의).
예로서 채무자의 재산이 6천만원이고 일반채권자 2명의 채권액이 각각 4천만원이면 청구 선후를 따지지 않고 각 채권자들의 채권액 비율로 나누어진다. 즉, 채권자들은 3천만원씩 배분받는다.

3. 권리분석 시 주의사항

1) 말소 기준권리의 선정
2) 세입자 및 전입자 유무, 확정일자 여부, 점유현황 등의 철저한 사실적 조사, 분석
3) 선순위 저당권 산정
4) 임차인 전입일 산정(주민등록등본의 철저한 확인 필수) 등의 철저한 사실적 조사, 분석
5) 물권과 채권의 확실한 관계성 검토
6) 소액 선순위 저당 뒤의 임차인 및 가등기 권리자 주의
7) 배당을 전부 못 받는 임차인 있을 경우 명도에 따른 별도의 시간과 비용 등이 추가
8) 권리분석을 잘못했을 경우 매각기일까지 매각 불허가 등 이의신청의 여부
9) 관리비 등 연체 여부 검토

4. 기타 사항

1) 등기부상의 권리간 순위

동구는 순위번호 별구는 접수번호에 의하게 되며, 우선 모든 등기부상의 권리를 시간순으로 나열한다. 등기가 이루어진 순서대로 번호를 부여하게 되므로 순위번호라 함. 따라서 이 순서에 따라 소유권에 관한 사항이 변동되어 왔다는 내역이 기록되는 것이며, 맨 후순위 번호에 있는 소유자가 현재의 이 부동산 소유권자임을 보여주는 것이다. 동일한 부동산에 관한 등기권리의 순위는 등기의 전후에 의하고, 등기의 전후는 동구에서 한 등기는 순위번호에 의하고 별구에서 한 등기에 대하여는 접수번호에 의한다. 소유권에 관한 사항란에 등기를 한때에는 순위번호란에 순위번호를 기재한다.

2) 우선변제권 임차인과 저당권 간의 순위

입주, 주민등록을 먼저 옮기고 확정일자를 받았는데 같은 날 저당권이 설정된 경우는 저당권과 확정일자인은 동일 순위이므로 채권액에 비례하여 평등하게 배당받게 된다. 또한 입주, 주민등록, 확정일자를 동시에 하였는데 같은 날 저당권이 설정된 경우 저당권의 순위가 우선하게 되며, 확정일자인이 후순위가 된다. 주민등록은 신고한 다음 날(0시)부터 효력이 발생하기 때문이다.

3) 같은 날짜에 상이한 권리들이 설정된 경우 그 순위

부동산등기부등본은 ▶ 표제부 ▶ 갑구 ▶ 을구로 구성되어 있는데, 만약 동일한 날짜에 갑구와 을구상(=別區)에 상이한 권리가 설정되었을 경우와 을구상(=同區)에 상이한 권리가 설정되었을 경우 그 순위는 접수번호와 순위번호에 의해 결정짓는다. 즉, 별구의 경우 접수번호에 의하며, 동구의 경우 순위번호에 의해 결정된다.

① 동구(同區)의 경우 : 순위번호에 의해 결정

【 을 구 】(소유권이외의 권리에 관한 사항)				
순위번호	등기목적	접 수	등기원인	권리자 및 기타사항
1	근저당권 설정	2009년 8월 1일 50071호	2009년 8월 1일 설정계약	채권최고액 금10억원 채무자 ○ ○ ○ (채무자 주소) 근저당권자 신한은행 (근저당권자 주소)
2	근저당권 설정	2009년 8월 1일 50072호	2009년 8월 1일 설정계약	채권최고액 금5억원 채무자 ○ ○ ○ (채무자 주소) 근저당권자 우리은행 (근저당권자 주소)

동일한 날짜에 부동산등기부의 을구상에 근저당권이 둘 이상 설정되었을 경우 을구상의 순위번호에 의해 그 번호가 빠른 근저당권이 선순위 권리가 된다. 즉, 위의 경우 순위번호가 빠른 근저당권자 신한은행(1순위)이 순위번호가 늦은 근저당권자 우리은행(2순위)보다 선순위의 권리에 해당된다.

② 별구(別區)의 경우 : 접수번호에 의해 결정

【 갑 구 】(소유권에 관한 사항)

순위번호	등기목적	접 수	등기원인	권리자 및 기타사항
1	가압류	2009년 8월 31일 10017호	2009년 8월 29일 서울지방법원 가압류 결정 (2008카단 1557호)	청구금액 금2억원 채권자 ○ ○ ○ (채권자 주소)

【 을 구 】(소유권이외의 권리에 관한 사항)

순위번호	등기목적	접 수	등기원인	권리자 및 기타사항
1	근저당권 설정	2009년 8월 31일 10018호	2009년 8월 16일 설정 계약	채권최고액 금2억원 채무자 ○ ○ ○ (채무자 주소) 근저당권자 신한은행 (근저당권자 주소)

위의 경우 같은 날짜에 갑구에는 가압류가, 을구에는 근저당권이 설정되었을 경우 가압류의 접수번호(10017호)가 근저당권(10018호)보다 빠르기 때문에 가압류가 선순위 권리에 해당되고 따라서 근저당권은 선순위 가압류에 대하여 우선변제권을 주장할 수 없어, 동순위로서 채권액에 비례한 안분배당을 받는다.

이는 가압류는 채권으로서 우선변제권이 없고, 근저당권은 우선변제권이 있기는 하나 선순위 가압류에 대하여 우선변제권을 주장할 수 없기 때문에(⇨ 우선변제권은 후순위 권리자에 대하여만 주장할 수 있다.) 동순위로 안분배당을 받게 된다.

제2절. 말소 기준권리

1. 부동산경매에서의 권리분석에는 말소되는지 인수되는지의 여부를 결정짓는 말소기준권리를 가장 먼저 분석하여 그 권리를 찾아내어야 한다. 즉, 말소기준권리는 (근)저당권, (가)압류, 담보가등기, 강제경매 기입등기(말소기준권리가 없을 시) 등이 있는데 이들 중 가장 앞선 권리를 기준권리로 하여 소멸과 인수가 결정되는 것이다.

2. 따라서 위의 말소기준권리들 중 가장 순위가 선순위인 권리를 기준권리로 하여, 말소기준권리보다 선순위 권리 등은 인수(인수주의)되고, 후순위 권리 등은 말소(소멸, 소제주의)가 된다. 그러나 순위와 관계없이 언제나 인수되는 권리로는 법정지상권, 유치권, 예고등기를 들 수가 있다.

3. 말소기준권리의 이해

1) 근저당권이 말소기준권리인 경우

부동산등기부상에 (갑)근저당권 ⇨ (을)임차인 ⇨ (병)가압류 ⇨ (갑)근저당권자의 임의경매신청순으로 되어 있다면 (갑)근저당권이 말소기준권리에 해당되어 근저당권 이후의 모든 권리들은 낙찰 후 소멸하게 되어 낙찰자가 따로 부담하여야 하는 것은 없게 된다.

2) 담보가등기가 말소기준권리인 경우

부동산등기부상에 (갑)가등기 ⇨ (을)임차인 ⇨ (병)근저당권 ⇨ (병)근저당권자가 임의경매신청을 하였다면 최선순위에 설정된 가등기가 가등기담보 등에 관한 법률에 의한 담보가등기라면 이 법 13조 규정에 의해 근저당권으로 보기에 담보가등기가 말소기준권리에 해당되어 낙찰자가 인수하는 권리는 없다.
그러나 최선순위에 설정된 가등기가 담보가등기가 아닌 소유권이전청구권 보전가등기라면 이때 말소기준권리는 근저당권이 되어 낙찰자는 가등기와 임차인을 인수하여야 하는 실패한 경매투자가 될 수 있다.

3) 강제경매기입등기가 말소기준권리인 경우

부동산등기부상에 (갑)임차인 전입 ⇨ (을)임차인 전입 ⇨ (갑)또는 (을)이 강제경매신청한 경우 말소기준권리는 강제경매기입등기가 되어 이보다 먼저 전입신고한 임차인 (갑)과 (을)은 낙찰자가 인수하여야 한다.

4) 가압류등기가 말소기준권리인 경우

부동산등기부상에 (갑)가압류 ⇨ (을)전세권 ⇨ (병)임차인 ⇨ (정)근저당권 ⇨ (정)근저당권자가 임의경매 신청한 경우 말소기준권리는 (갑)가압류로서 낙찰자는 입찰금액 이외에 추가로 인수하여야 할 권리는 없게 된다.

■ 소멸과 인수

소멸주의(낙찰로 소멸)	인수주의(낙찰자 부담으로 존속)
1. (근)저당권	1. 유치권
2. (가)압류	2. 예고등기, 법정지상권
3. 말소기준권리보다 뒤에 설정된 전세권, 지상권, 지역권, 임차권, 가등기, 가처분, 환매등기, 주택임차인 등	3. 말소기준권리보다 앞에 설정된 전세권, 지상권, 지역권, 임차권, 가등기, 가처분, 주택임차인 등의 권리. 말소기준권리보다 빠른 전세권은 인수되기도 하고, 배당 요구 시는 소멸된다.
4. 경매기입등기보다 늦은 위 3의 권리	
5. 담보가등기	

제3절. 등기부 권리분석

1. 근저당권

1) 근저당권은 담보물권이다.

물권이란 어떤 특정 물건을 직접 지배해서 사용하고 수익하며, 처분할 수 있는 절대적인 권리를 말한다. 따라서 물권은 채권과 달리 우선변제권이라는 권리를 가지게 된다. 근저당권자는 채무자의 채무불이행에 의해 근저당권을 설정한 담보물건을 처분(=경매신청)하여 후순위 권리자보다 자기 채권을 먼저 회수할 권리를 가진다.

2) 근저당권은 말소기준권리에 해당된다.

경매물건에서 근저당권, 가압류, 담보가등기, 강제경매기입등기일 중에서 부동산등기부상 제일 먼저 설정된 권리가 말소기준권리이며, 이를 기준하여 이보다 먼저 설정된 권리나 전입신고한 임차인은 낙찰자의 인수사항이 되고, 그 이외에는 낙찰자가 인수하지 않아도 된다.

❶ A 근저당권 → B 가압류 → C 전입신고 → A 또는 B 경매신청
(말소기준권리: A 근저당권)

❷ A 전입신고 → B 근저당권 → C 가압류 → B 또는 C 경매신청
(말소기준권리: B 근저당권)

❸ A 지상권 → B 근저당권 → B 경매신청(말소기준권리: B 근저당권)

❹ A 근저당권 → B 전입신고 → C 근저당권 → C 경매신청(말소기준권리: A 근저당권)

3) 근저당권은 경매 시 매각으로 소멸한다.

근저당권은 경매 시 매각으로 소멸한다(=민사집행법 제91조 제2항). 따라서 자기 채권 전액의 회수 여부를 떠나서 소멸하기에 낙찰자와 아무런 관계가 없는 것이다. 참고로 경매 시 매각으로 소멸하는 권리로서는 근저당권, 담보가등기, 압류, 가압류, 말소기준권리 이후의 임차인 등이 해당된다. 어떠한 권리가 소멸 또는 인수되는 것은 그 권리가 배당받을 지위를 가지는지 여부에 따라 결정된다.

4) 근저당권은 주택임차인에 대한 최우선변제금 지급기준이 된다.

주택임대차보호법 제8조 제1항을 보면 "임차인은 보증금 중 일정액을 담보물권보다 우선변제받을 수 있다. 이를 위해서는 경매신청등기 이전에 동법 제3조 제1항의 요건을 갖추어야 한다."라고 규정되어 있다. 여기에 근저당권자는 담보물권자에 해당되는 것이다.

| 7 | 근저당권설정 | 2006년 5월 3일
제28142호 | 2006년 5월 3일
설정계약 | 채권최고액 금338,000,000원
채무자 양○○
　서울 강동구 명일동 44 신동아아파트 5동 205호
근저당권자 주식회사하나은행 110111-0015671
　서울 중구 을지로 1가 101-1
　(논현역지점) |

5) 관련 판례

❶ 근저당권자의 실제 채권액이 없는 경우

부동산 등기부에 최선순위로 근저당권이 설정되어 있다면 그 후의 모든 권리는 경매로 소멸하는 것이 원칙인데, 부동산 등기부상 근저당권이 있으나 실제 채무가 없다면 이는 효력이 없는 형식상의 근저당권이 되어 낙찰자가 낭패 보는 경우가 간혹 있다(= 대법원 97다26104 판결 참조).

> 근저당권 → 가처분등기 → 강제경매기입등기 → 낙찰 → 가처분등기 말소 → 가처분등기 말소회복등기 소송 제기(= 대법원 97다26104, 26111 판결)

■ 대법원 97다26104, 26111 판결

- 강제경매의 개시 당시 이미 소멸하였음에도 형식상 등기만이 남아 있을 뿐이었던 근저당권보다 후순위라는 이유로 집행법원의 촉탁에 의하여 이루어진 가처분기입등기의 말소등기는 원인무효이고, 가처분채권자는 그 말소등기에도 불구하고 여전히 가처분채권자로서의 권리를 가진다.
- 가처분기입등기에 대한 원인무효의 말소등기가 이루어질 당시 소유권이전등기를 경료하고 있는 자는 법원이 위 가처분기입등기의 회복등기를 촉탁함에 있어서 등기상 이해관계가 있는 제3자에 해당하므로, 가처분채권자에 대하여 법원의 촉탁에 의한 위 가처분기입등기 회복절차에 승낙할 의무가 있다.
- 가처분채권자가 가처분의 본안소송인 소유권이전등기청구의 소

에서 승소의 확정판결을 받은 이상, 가처분채권자의 지위에서 그 피보전권리인 소유권이전등기청구권에 기하여 등기를 하는 경우에는 위 가처분기입등기 이후에 개시된 강제경매절차에서 당해 토지를 낙찰받은 낙찰자 명의의 소유권이전등기는 가처분채권자에 대한 관계에서는 무효인 것으로서 말소될 처지에 있다고 할 것이며, 이는 가처분채권자가 위 강제경매절차가 진행되는 것을 알고 아무런 이의를 하지 아니하였다 하더라도 달리 볼 것이 아니다.

❷ 대금납부 전 근저당권의 말소

대금납부 전 선순위 근저당권이 말소되는 경우가 발생될 수도 있는데, 이러한 상황이 발생될 것을 감안하여 투자 결정을 하여야 한다(= 대법원 98마1031결정 참조).

> A 근저당권 → B 임차인 → C 근저당권 → C 경매신청 → D 낙찰 → A 근저당권 말소 → 경매대금 납부일(= 대법원 98마1031 결정)

■ **대법원 98마1031 결정** ■

- 담보권의 실행을 위한 부동산의 입찰절차에 있어서, 주택임대차보호법 제3조에 정한 대항요건을 갖춘 임차권보다 선순위의 근저당권이 있는 경우에는, 낙찰로 인하여 선순위 근저당권이 소멸하면 그보다 후순위의 임차권도 선순위 근저당권이 확보한 담보가치의 보장을 위하여 그 대항력을 상실하는 것이지만, 낙찰로 인하여 근저당권이 소멸하고 낙찰인이 소유권을 취

득하게 되는 시점인 낙찰대금지급기일 이전에 선순위 근저당권이 다른 사유로 소멸한 경우에는, 대항력 있는 임차권의 존재로 인하여 담보가치의 손상을 받을 선순위 근저당권이 없게 되므로 임차권의 대항력이 소멸하지 아니한다.
- 선순위 근저당권의 존재로 후순위 임차권의 대항력이 소멸하는 것으로 알고 부동산을 낙찰받았으나, 그 이후 선순위 근저당권의 소멸로 인하여 임차권의 대항력이 존속하는 것으로 변경됨으로써 낙찰부동산의 부담이 현저히 증가하는 경우에는, 낙찰인으로서는 민사소송법 제639조 제1항의 유추적용에 의하여 낙찰허가결정의 취소신청을 할 수 있다.

❸ 근저당권 설정 후 보증금 증액문제

근저당권 설정 전에 전입신고한 임차인이 근저당권 설정 후 보증금을 증액하였다면 낙찰자가 인수하여야 하는 임차보증금은 근저당권 설정 전의 보증금액에 국한된다(대법원 90다카11377 판결 참조).

■ 대법원 90다카11377 판결 ■

대항력을 갖춘 임차인이 저당권설정등기 이후에 임대인과 보증금을 증액하기로 합의하고 초과 부분을 지급한 경우, 임차인이 저당권설정등기 이전에 취득하고 있던 임차권으로 선순위로서 저당권자에게 대항할 수 있음은 물론이나, 저당권설정등기 후에 건물주와의 사이에 임차보증금을 증액하기로 한 합의는 건물주가 저당권자를 해치는 법률행위를 할 수 없게 된 결과, 그 합의 당사자 사이에서만 효력이 있는 것이고, 저당권자에게는 대항할 수 없다고 할 수밖에 없으므로, 임차인은 위 저당권에 기하여 건물을 경락받은 소유자의 건물명도 청구에 대하여, 증액전 임차보증금을 상환받을 때까지 그 건물을 명도할 수 없다고 주장할 수 있을 뿐이고, 저당권설정등기 이후에 증액한 임차보증금으로써는 소유자에게 대항할 수 없는 것이다

2. 압류등기

1) 의의

선순위의 압류는 경매실무에서 말소기준권리로 작용을 한다. 따라서 압류등기는 경매실무에서 무조건 말소라고 보면 된다. 압류라 함은 집행기관에 의해 채무자의 특정재산에 대하여 사실상 또는 법률상의 처분이 제한되는 강제적 행위를 말하며 소송절차 등에서 본안 판결 후의 효력이 있는 것으로 취급한다. 압류에 의해 채무자는 압류재산에 대하여 처분권을 상실하며 그 권한이 국가에 귀속한다. 부동산의 압류는 집행법원의 경매개시결정을 채무자에게 송달이 되거나, 등기부상에 경매개시결정등기가 기입된 날 중 빠른 날짜를 압류의 효력이 발생한 날로 보고 있다. 그러나 경매실무에서는 채무자(소유자)의 강제집행 면탈을 막기 위하여 경매개시결정의 등기를 7일 이상 빠른 날짜로 처리하고 있다. 행정법상의 압류는 조세채권의 체납을 원인으로 하여 체납자의 재산을 압류하는 것을 말한다. 따라

서 경매개시결정의 등기가 곧 압류를 의미하나 또 하나의 압류는 국세 등의 체납처분에 의한 압류등기이다. 압류등기 후의 각종 권리들, 즉 국세 등의 체납처분 후의 각종 권리들은 경매개시결정등기 후의 각종 권리들과 같은 운명을 맞게 된다. 압류의 효력은 채무자의 목적물 처분 제한의 효과가 있을 뿐 그 관리이용권은 소유자에게 주고 있으므로 소유자는 통상의 용법에 따라 목적물의 감소를 가져오지 아니하는 한도에서 사용·수익할 수 있다.

| 17 | 압류 | 2011년 11월 22일 제51747호 | 2011년 11월 21일 압류(세무2과-30807) | 권리자 서울특별시 강동구 |

2) 경합의 문제

압류등기 후의 조치로서 국세 등의 체납처분에 의하여 압류가 되면 자산관리공사에 공매를 의뢰하게 된다. 이 경우 국세 체납처분에 의한 공매와 강제경매나 임의경매 절차는 각각 독자적으로 진행할 수 있으며, 양 절차 중 먼저 진행된 절차에서 경락받은 자가 진정한 소유권을 취득하게 된다. 또한 강제 또는 임의경매의 개시결정을 한 부동산에 대하여 다른 강제 또는 임의경매신청이 있는 때에는 법원은 다시 이중으로 개시결정을 한다. 이 경우의 경매절차진행은 개시결정을 한 순서에 의하여 진행되므로 후순위 개시결정사건은 압류의 효력은 유지되지만 단지 절차진행권은 유보된다.

3. 가압류

1) **의의**: 민법상의 이론에서는 물권은 채권에 우선하게 된다. 그러나 민사집행법의 적용을 받게 되는 경매에서는 물권이 채권에 우선한다는 그 논리가 깨지는 경우가 가압류의 권리분석에서 볼 수가 있다. 선순위의 가압류는 경매실무에서 말소기준권리로 작용한다. 따라서 가압류등기는 경매실무에서 무조건 말소라고 보면 된다. 가압류라 함은 금전채권 또는 금전으로 환산이 가능한 채권에 관하여 집행권원을 얻어 강제집행을 할 수 있을 때까지 그 집행을 보전하기 위한 절차를 말한다. 가압류는 강제집행을 하기 위한 채무(집행)권원를 얻기 위하여 본안소송을 하기 전에 채무자의 부동산 등에 대하여 보전처분을 미리 하여 두는 절차이다. 이는 소송에 상당한 시간이 소요되므로 그 기간에 채무자의 고의나 불가항력 등으로 인한 재산의 도피·감소 등을 막기 위한 보전조치이다. 즉 가압류는 소송절차 등에서 본안 판결을 받지 않은 이전 단계로서 효력이 있는 것이다. 따라서 가압류권자는 바로 경매를 신청할 수는 없고 피보전채권에 관한 소송절차 등을 통하여 확정된 집행권원을 받아 강제경매를 신청할 수 있다. 가압류권자는 등기부에 가압류를 설정하여도 채권자의 지위에 있게 된다. 따라서 가압류권자는 물권자에 주어지는 우선변제권이 없으며, 채권자 평등주의를 적용받게 되어 가압류 등기 후의 권리자들과는 평등한 공동순위를 인정받게 되고, 가압류는 배당절차에서도 단독배당이 아닌 안분배당(비례배당 또는 비율배당)을 받게 된다. 그리고 가압류권자는 본안판결이 확정되기 전의 위치에 있는 자이므

로 안분배당한 금액을 즉시 지급받을 수 없고, 법원에서는 직권으로 공탁을 하며, 가압류권자가 본안판결에서 승소하여야 공탁된 안분배당금을 지급받게 된다.

2) 예로서 '갑'이 '을'에게 차용증을 받고 돈을 빌려주었는데, '을'이 '갑'에게 돈을 갚지 않을 경우, 채권자 '갑'은 자기 채권을 확보할 목적으로 채무자 '을' 명의의 부동산 등 재산이 있다면 이에 차용증으로 가압류를 한 후 '을'을 상대로 차용금반환청구소송 등의 절차를 밟아 판결문으로 미리 가압류등기를 한 부동산을 강제경매신청하여 자기 채권을 회수하는 절차를 밟게 되는 것이다.

| 18 | 가압류 | 2012년 2월 29일
제14937호 | 2012년 2월 29일
서울동부지방법원의
가압류 결정
(2012카단1576) | 청구금액 금47,876,100원
채권자 주식회사 케이비국민카드
서울 종로구 내수동 167 |

3) 채권자가 채무자의 재산에 가압류등기를 하는 이유는 채권자는 채무자 명의의 재산에 대하여 강제집행하여 자기 채권을 회수하게 할 수 있는 판결문 등의 집행권원이 있어야만 채권회수가 가능한데, 집행권원이 없다면 집행권원을 만들기 위해서 채무자를 상대로 소송을 제기하여야 하나, 소송 도중에 채무자가 자기 재산을 다른 사람 명의로 돌려놓는다면 채권회수 측면에서 불리하기 때문에 이를 막기 위함인 것이다. 가압류와 다른 권리들 간의 관계에 대해서 알아보도록 하자.

[1] 가압류 ⇨ 근저당권

가압류는 채권이고 근저당권은 물권으로서 물권과 채권이 충돌하면 물권우선주의에 의해 물권이 채권에 우선하나 채권인 가압류가 물권인 근저당권보다 먼저 설정되었다면 동순위의 지위를 가진다. 즉, 가압류는 채권으로서 채권자 공평주의에 의해 우선변제권이 없으며, 근저당권은 물권이나 우선변제권은 후순위 권리자들에게만 주장할 수 있다.

따라서 물권인 근저당권보다 먼저 설정된 가압류에 대해서 우선변제권을 주장할 수 없기에 선순위 가압류와 후순위 근저당권은 서로가 우선변제권을 주장할 수 없어서 동순위의 지위를 지니게 되는 것이다.

예로서 가압류의 채권액이 5천만원이고, 근저당권의 채권액이 1억원이며, 배당금액이 6천만원일 경우 이들은 동순위이기에 각자 채권액에 비례하여 배당을 받게 된다.

배당금액은 다음과 같다.

▶ 가압류 : 6천만원 × 5천만원 / 1억 5천만원 = 2천만원
▶ 저당권 : 6천만원 × 1억원 / 1억 5천만원 = 4천만원

[2] (갑)가압류 ⇨ (을)근저당권 ⇨ (병)가압류

위와 같은 경우 (갑)가압류와 (을)근저당권은 동순위가 되고, (갑)가압류와 (병)가압류는 동순위가 되어 (갑) = (을)이고 (갑) = (병)이면 (갑) = (을) = (병)이 되어 먼저 동순위로서 각자의 채권액에 비례해서 배당이 되고, 나중에 (을)근저당권은 후순위 권리인 (병)가압류 등에 대하여 우선변제권을 가져 (병)가압류 등이 비례배당

받은 금액을 (을)근저당권이 자기 채권액을 충족할 때까지 흡수하게 된다. 예로서 (갑)의 채권액이 4천만원이고, (을)과 (병)의 채권액이 각각 3천만원이며, 배당금액이 5천만원이라면 배당은 다음과 같이 진행된다.

① 비례배당
- ▶ (갑)가압류 : 5천만원 × 4천만원 / 1억원 = 2천만원
- ▶ (을)저당권 : 5천만원 × 3천만원 / 1억원 = 1천 5백만원
- ▶ (병)가압류 : 5천만원 × 3천만원 / 1억원 = 1천 5백만원

② 흡수배당
(을)근저당권은 후순위 권리자에 대하여 우선변제권이 있기에 후순위 권리자에 대하여 자기 채권 전액을 만족할 때까지 후순위 권리자의 비례배당금액을 흡수할 수 있는데, (을)근저당권은 (병)가압류의 비례배당금액인 1천 5백만원 전액을 흡수하여 자기 채권액 3천만원을 배당받게 된다.

③ 배당결과
- ▶ (갑)가압류 : 2천만원 배당
- ▶ (을)저당권 : 3천만원 배당

[3] 근저당권 ⇨ 가압류

물권인 근저당권이 채권인 가압류보다 먼저 설정되었다면 근저당권이 자기 채권 전액을 먼저 배당받고 잔여 금액이 있을 경우에 채권인 가압류가 배당받는다. 만약 잔여 금액이 없을 경우 배당받지 못하고 소멸하게 되어 낙찰자와 아무런 관계가 없게 된다. 예로서 근저당권의 채권액이 5천만원이고 가압류의 채권액이 5천만원이며, 배당금액이 다음과 같은 경우

① 배당금: 8천만원
- ▶ 1순위: 저당권 5천만원 배당받고 경매로 소멸.
- ▶ 2순위: 가압류 3천만원 배당받고 경매로 소멸.

② 배당금: 4천만원
- ▶ 1순위: 저당권 4천만원 배당받고 경매로 소멸.
- ▶ 가압류는 잔여 배당금액이 없어 배당받지 못하고 경매로 소멸.

[4] 전(前)소유자에 대한 가압류

한편 전 소유자에 대한 가압류 및 압류에 대한 말소, 인수 여부가 실무에서 문제가 된다. 종전까지는 전(前) 소유자에 대한 채권으로 가압류등기를 한 전(前) 소유자의 채권자는 신소유자 부동산이 경락된 것이므로 매각대금의 배당에 참가할 수 없으므로 그 가압류등기는 말소할 수 없었다. 이렇듯 경매물건에 있어서 가압류에 대한 권리분석은 그 가압류가 전 소유자의 가압류이냐 여부, 전 소유자의 가압류가 있는 경우에도 경매 신청자가 누구이냐 및 전 소유자의 유효한 담보물권이 존재하느냐의 여부와 같은 다소 복잡한 경로를 통해 이루어져야 했다. 전 소유자의 가압류는 적어도 아래의 판례가 등장하기 전까지 가압류에 대한 권리분석을 이와 같이 해온 것이 사실이다. 경매투자자들에게 있어서도 전 소유자의 가압류가 있는 경매물건은 의례 함부로 접근해서는 안 되는 물건으로 인식 되었고, 사실 그러한 물건은 유찰이 거듭되어 최저매각가격이 감정가보다 상당히 저감되기도 했다. 그러나 이제는 가압류에 대한 권리분석을 그리 복잡하게 하지 않아도 될 듯하다. 부동산에 대한 선순위가압류등기 후 가압류목적물의 소유권이 제

3자에게 이전되고 그 후 제3 취득자의 채권자가 경매를 신청하여 매각된 경우, 가압류채권자는 그 매각절차에서 당해 가압류목적물의 매각대금 중 가압류결정 당시의 청구금액을 한도로 배당을 받을 수 있고, 이 경우 종전 소유자를 채무자로 한 가압류등기는 말소촉탁의 대상이 될 수 있다. 그러나 경우에 따라서는 집행법원이 종전 소유자를 채무자로 하는 가압류등기의 부담을 매수인이 인수하는 것을 전제로 하여 위 가압류채권자를 배당절차에서 배제하고 매각절차를 진행시킬 수도 있으며, 이와 같이 매수인이 위 가압류등기의 부담을 인수하는 것을 전제로 매각절차를 진행시킨 경우에는 위 가압류의 효력이 소멸하지 아니하므로 집행법원의 말소촉탁이 될 수 없다. 따라서 종전 소유자를 채무자로 하는 가압류등기가 이루어진 부동산에 대하여 매각절차가 진행되었다는 사정만으로 위 가압류의 효력이 소멸하였다고 단정할 수 없고, 구체적인 매각절차를 살펴 집행법원이 위 가압류등기의 부담을 매수인이 인수하는 것을 전제로 하여 매각절차를 진행하였는가 여부에 따라 위 가압류 효력의 소멸 여부를 판단하여야 한다(대법원 2007년 4월 13일 선고, 2005다8682 판결). 이 판례에 의하면 전 소유자의 가압류채권자도 현소유자의 채권자가 경매신청을 한 경우에도 현소유자의 채권자에 우선하여 배당을 받을 수가 있게 된다. 따라서, 현소유자의 가압류이건 전 소유자의 가압류이건 상관없이 모든 가압류가 배당을 받고 소멸하는, 즉 근저당과 같은 예외 없는 말소기준권리가 될 수 있을 것이다.

부동산에 대한 가압류집행 후 가압류목적물의 소유권이 제3자에게 이전된 경우 가압류의 처분금지적 효력이 미치는 것은 가압류

결정 당시의 청구금액의 한도 안에서 가압류목적물의 교환가치이고, 위와 같은 처분금지적 효력은 가압류채권자와 제3 취득자 사이에서만 있는 것이므로 제3 취득자의 채권자가 신청한 경매절차에서 매각 및 경락인이 취득하게 되는 대상은 가압류목적물 전체라고 할 것이지만, 가압류의 처분금지적 효력이 미치는 매각대금 부분은 가압류채권자가 우선적인 권리를 행사할 수 있고 제3 취득자의 채권자들은 이를 수인하여야 하므로, 가압류채권자는 그 매각절차에서 당해 가압류목적물의 매각대금에서 가압류결정 당시의 청구금액을 한도로 하여 배당을 받을 수 있고, 제3 취득자의 채권자는 위 매각대금 중 가압류의 처분금지적 효력이 미치는 범위의 금액에 대하여는 배당을 받을 수 없다(대법원 2006년 7월 28일 선고, 2006다19986 판결).

■ 가압류 관련 대법원 판례 ■

1) 가압류등기 후 확정일자 임차인의 지위

주택임대차보호법 제3조의 2 제1항은 대항요건(주택인도와 주민등록전입신고)과 임대차계약증서상의 확정일자를 갖춘 주택임차인은 후순위권리자 기타 일반채권자보다 우선하여 보증금을 변제받을 권리가 있음을 규정하고 있다. 이는 임대차계약증서에 확정일자를 갖춘 경우에는 부동산 담보권에 유사한 권리를 인정한다는 취지이므로, 부동산 담보권자보다 선순위의 가압류채권자가 있는 경우에 그 담보권자가 선순위의 가압류채권자와 채권액에 비례한 평등배당을 받을 수 있는 것과 마찬가지로(당원 1992년 3월 27일 선고, 91다

44407 판결 / 1987년 6월 9일 선고, 86다카2570 판결 등 참조), 위 주택임대차보호법 제3조의2의 규정에 의하여 대항요건을 갖추고 증서상에 확정일자까지 부여받음으로써 우선변제권을 갖게 되는 임차보증금채권자도 선순위의 가압류채권자와는 평등배당의 관계에 있게 된다고 할 것이며, 이때 가압류채권자가 주택임차인보다 선순위인지 여부는 위 법문상 임차인이 확정일자 부여에 의하여 비로소 우선변제권을 가지는 것으로 규정하고 있음에 비추어, 임대차계약 증서상의 확정일자 부여일을 기준으로 삼는 것으로 해석함이 타당하다 할 것이어서, 가령 대항요건을 미리 갖추었다고 하더라도 확정일자를 부여받은 날짜가 가압류일자보다 늦은 이 사건의 경우에는 가압류채권자가 선순위라고 볼 수밖에 없다 할 것이므로, 원고의 가압류채권과 피고의 임차보증금채권은 각 채권액에 비례하여 평등하게 배당하여야 할 것이다(=대법원 92다30597 판결).

2) 가압류등기 후의 임차인의 낙찰자에 대한 대항력여부

임차인이 주민등록전입신고를 마치고 입주하여 사용함으로써 주택임대차보호법 제3조에 의하여 그 임차권이 대항력을 갖는다 하더라도 부동산에 대하여 가압류등기가 마쳐진 후에 그 채무자로부터 그 부동산을 임차한 자는 가압류집행으로 인한 처분금지의 효력에 의하여 가압류사건의 본안판결의 집행으로 그 부동산을 취득한 경락인에게 그 임대차의 효력을 주장할 수 없다(=대법원 83다카116 판결).

3) 가압류등기 후의 전세권의 소멸 여부

가압류는 금전채권의 집행보전을 목적으로 함에 불과하여 그 지위에 상응하는 배당이 이루어지는 것으로 족하고 부동산 위의 부담으로 경락인에게 이를 부담시킬 필요가 없으므로, 그 가압류가 경매신청의 등기보다 먼저 마쳐진 것이라고 하더라도 경매로 인하여 소멸한다고 할 것이다. 따라서 가압류가 집행된 부동산에 대하여 전세권이 설정된 후 그 부동산에 관하여 제3의 집행채권자의 신청에 의하여 경매절차가 진행되어 경락인이 경락대금을 납부하면 위 가압류가 소멸하게 되는바, 이 경우에 가압류 후에 설정된 위 전세권이 소멸하지 아니하고 경락인에게 인수된다고 본다면 부동산의 경매가격은 그만큼 떨어질 수밖에 없고 이는 그 전세권에 선행하는 가압류채권자의 이익을 침해하는 결과를 가져오게 되어 부당하므로, 결국 위 가압류에 대항할 수 없는 전세권도 그 가압류와 함께 소멸한다고 보아야 할 것이다(=대법원 94다51819 판결).

4. 가등기

1) 가등기는 장래의 물권변동을 일어나게 할 청구권을 보전하기 위한 청구권보전을 위한 가등기와 채권담보라는 경제적 목적을 달성하기 위하여 가등기의 형식으로 담보가등기로 구분된다. 담보가등기는 말소기준권리보다 후순위인 경우에는 말소가 되며, 선순위의 담보가등기는 경매실무에서 말소기준권리로 작용을 한다. 따라서, 담보가등기는 경매실무에서 선순위, 후순위

의 구별 없이 무조건 말소가 되는 것이다.

| 3 | 소유권이전청구권가등기 | 2005년 4월 15일
제23545호 | 2005년 4월 13일
매매예약 | 가등기권자 하나테크주식회사 110111-0776981
서울 광진구 광장동 102 |

2) 매수희망자는 실무상 가등기의 유형여부를 먼저 파악을 해야 한다. 소유권이전 청구권보전을 위한 가등기는 말소기준권리보다 선순위인 경우에 경매가 실행되면 낙찰자에게 인수가 되므로 소유권을 상실할 위험이 있다. 또한 담보가등기는 경매실무에서 저당권과 유사한 것으로 취급을 하고 있다.

3) 경매집행법원에서는 경매절차과정에서 가등기권리자에게 담보가등기 또는 보전가등기에 대한 권리신고여부를 배당요구의 종기일까지를 정하여 가등기권리자에게 최고하게 된다. 따라서 가등기권리자는 이 기간 중에 권리신고를 하게 되는데, 실무에서는 가등기권자가 권리신고를 하지 않는 경우도 종종 발견하게 되므로 매수희망자는 각별히 주의하여야 한다.

4) 따라서, 매수희망자가 가등기를 판단하여 과연 어떠한 가등기인지를 구별하려면 먼저 경매집행법원에 권리신고여부를 매각물건명세서나 경매사건기록표를 통하여 확인을 하면 될 것이나, 권리신고를 하지 않은 경우에는 가등기권리자에게 직접 확인을 하면 될 것이다. 그러나 가등기권리자가 경매집행법원에 권리신고를 하지 않았고, 또한 직접확인에서도 협조를 하지 않은 경우에 매수희망자는 보전가등기라는 생각을 가지고 권리

분석을 하여야 할 것으로 생각이 된다.

5) 담보부동산의 다른 채권자가 경매신청할 경우 담보가등기는 저당권으로 간주되고(=가등기담보등에 관한 법률 제13조), 따라서 담보가등기가 설정된 날짜를 기준하여 권리관계가 확정되나, 보전가등기의 경우 그 자체만으로는 아무런 효력이 없다. 단지 보전가등기를 한 사람이 정식 등기절차(=본등기절차)를 밟는다면 그때 가서야 본등기의 순위가 가등기한 날로 소급된다. 즉, 보전가등기는 순위보전적인 효력이 있다. 다음의 예를 보도록 하자.

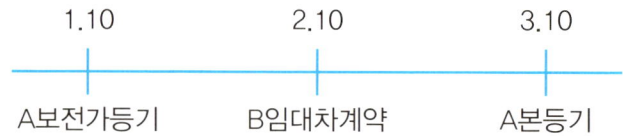

1월 10일 A가 C의 주택에 대하여 소유권이전청구권 보전가등기를 하였고, 동년 2월 10일 B가 C의 주택에 임대차계약을 체결하였으며, 동년 3월 10일 A가 가등기를 본등기로 전환하였을 경우 임차인 B는 가등기권자인 A에 대하여 임차인으로서 자기 권리(=거주 및 계약기간 만료후 보증금의 반환요청)를 주장할 수 있을까? 아니다! 주장할 수 없다. 왜냐하면 임차인 B가 C 소유의 주택에 입주할 당시(=2월 10일)만 해도 가등기권자 A는 C 소유의 주택에 대하여 아무런 권리를 행사할 수가 없으나, 본등기로 전환하면 가등기권자 A가 그 주택에 대하여 권리를 행사할 수 있는 날짜는 가등기한 날짜(=1월 10일)로 소급된다. 따라서 임차인 B는 가등기에 기한 본

등기 전에 주택소유자인 C와 임대차계약을 체결하였음에도 불구하고, 본등기되면 본등기의 순위는 가등기한 날로 소급되어 임차인 B는 소유자가 아닌 C와 임대차계약을 체결한 것으로 되어, 가등기권자 A가 본등기한 후 집을 비워달라고 하면 집을 비워주는 수밖에 달리 방법이 없다.

■ 가등기 분석

1) 가등기는 부동산등기부상의 형식에 의하지 않는다.
  가등기가 담보가등기인지 여부는 등기부상에 형식적으로 기재된 것에 의해 결정되는 것이 아니라 거래의 실질과 당사자의 의사해석에 따라 결정될 문제인 것이다(=대법원 91다36932 판결 참조).

2) 담보가등기는 저당권으로 본다(=가등기담보 등에 관한 법률 제13조)
  담보가등기가 경료된 부동산이 경매된 경우 담보가등기는 자기 채권을 후순위 채권자보다 우선변제 받을 권리가 있다. 이는 담보가등기를 저당권으로 보기 때문이며, 이로서 담보가등기가 때로는 말소기준권리가 될 수 있는 것이다.

3) 담보가등기가 배당신청을 하지 않았거나 배당금을 수령하지 못한 경우
  가등기담보 등에 관한 법률 제15조에 의하면 "담보가등기는 경매 시 매각으로 소멸한다"라고 되어 있어 말소촉탁대상이 될 뿐이기에 배당받는 것과 관계없이 소멸한다(=대법원 91다41996 판결).

- **대법원 91다41996 판결**

  가. 근저당권이 설정되어 있는 부동산에 소유권이전등기청구권보전의 가등기가 이루어지고 그 후에 강제경매가 실시되어 그 경락허가결정이 확정된 경우에는 구 민사소송법(1990년 1월 13일 법률 제4201호로 개정되기 전의 것) 제608조 제2항에 의하여 선순위의 근저당권은 경락으로 인하여 소멸되고 그보다 후순위인 가등기상의 권리도 소멸되는 것이므로, 이 가등기 또한 같은 법 제661조 제1항 제2호 소정의(경락인이 인수하지 아니한 부동산상의 부담의 기입)으로서 말소촉탁의 대상이 되는 것이다.

  나. 위 '가'항의 가등기가 가등기담보 등에 관한 법률 소정의 담보가등기라 하더라도 그 가등기권리 역시 같은 법 제15조에 의하여 경락으로 인하여 소멸되고, 같은 법 제16조 제2항에 의하여 말소촉탁의 대상이 되는 것이며 경매절차에서 배당요구 신청을 하지 아니하였다거나 혹은 배당금을 수령하지 아니하였다 하여도 마찬가지이다.

4) '갑' 가압류 ⇨ '을' 담보가등기 ⇨ '병' 가압류의 경우 배당관계
'갑', '을', '병' 간 동순위에 의한 비례배당 후 '을'이 '병'의 비례배당액을 흡수한다(=대법원 91다44407 판결).

5) 담보가등기는 경매 시 매각으로 소멸한다.
가등기담보등에 관한 법률 제15조 규정에 의해 담보가등기는 매각으로 소멸하기에 낙찰자가 경매대금을 완납하였음에도 불구하

고 담보가등기가 본등기한다면 이는 원인무효의 등기로서 그 효력이 없다(=대법원 93다52853 판결 참조).

- **대법원 93다52853 판결**

가등기담보 등에 관한 법률 제15조는 담보가등기가 경료된 부동산에 대하여 경매 등이 행하여진 때에는 담보가등기권리는 그 부동산의 매각에 의하여 소멸한다고 규정하고 있으므로 경락인이 경락허가결정을 받아 그 경락대금을 모두 지급함으로써 소유권을 취득하였다면 담보가등기권리는 소멸되었다고 보아야 할 것이고, 그 후에 경료된 위 가등기에 기한 본등기는 원인을 결여한 무효의 등기이며, 위 가등기에 기한 본등기가 종전 소유자와의 대물변제 합의에 기하여 이루어진 것이라 하여도 이는 소유권을 경락인이 취득한 후에 무효인 가등기를 유용하는 것에 해당하므로 역시 무효이다.

5. 가처분

1) 가처분은 말소기준권리보다 선순위이면 인수, 후순위이면 말소가 되는 것이 원칙이다. 그러나 건물철거의 목적을 위한 가처분과 토지인도청구를 위해서 건물에 설정한 가처분은 그 성립순위에 관계없이 무조건 매수자에게 인수가 되며, 진정한 권리에 관한 소유권분쟁 소송제기 전에 소송원고가 처분금지가처분을 경료시킨 경우 그 가처분은 당해 물건의 경매 시에 말소 및 인수 여부와

무관하게 가처분을 원인으로 한 본안판결의 결과에 따라서 원고 승소판결이 날 경우에 제3자는 권리를 상실할 수도 있다. 가처분은 장래의 집행보전을 위한 보전처분으로서 부동산의 가처분에는 처분금지가처분과 점유이전금지 가처분이 있다. 가처분권리자가 본안소송에서 승소하여 승소판결에 의한 등기를 실행하는 경우 가처분에 저촉되는 등기는 말소되므로 가처분 이후에 기입된 등기는 말소된다.

| 3 | 가처분 | 2003년 9월 29일 제73614호 | 2003년 9월 19일 서울지방법원고양지원의 가처분 결정 (2003가합707) | 피보전권리 소유권이전등기청구권
채권자 정○○
　고양시 덕양구 화정동 958 달빛마을 102-601
금지사항 매매, 증여, 전세권, 저당권, 임차권의 설정 기타일체의 처분행위 금지 |

2) 가처분은 특정 청구권에 대하여 장래 강제집행을 보전할 필요가 있을 때 하는 조치로서, 부동산소유권과 관련하여 분쟁이 발생되었을 경우에 하는 매매·양도금지가처분등기와 경매로 부동산을 낙찰받은 후 명도대상자에 대하여 명도집행을 하기 전에 하는 점유이전금지가처분이 있다.

❶ 매매·양도금지가처분

경매물건에 말소기준권리보다 먼저 이러한 가처분등기가 되어 있으면 이는 경매로 말소되지 않기에 투자대상에서 제외시키는 것이 좋다. 이는 소유권과 관련하여 분쟁이 발생되었을 경우 특정 부동산에 대한 소유권을 주장하는 자가 현재 부동산등기부상의 소유자를 상대로 소송을 제기하기 앞서 부동산등기부상의 소유자가 그 부동산을 다른 사람에게 매매 등을 하지 말라고 하는 의사표시로서 등기하는 것을 말한다.

❷ 점유이전금지가처분

낙찰자에게 대항할 수 없는 자가 주택을 비우지 않을 경우 낙찰자는 경매대금 완납일로부터 6개월 이내에 인도명령신청을 하여야 하며, 동시에 점유자를 상대로 점유이전금지가처분신청을 하여야 한다. 그러나 실무에서는 이 가처분신청을 통상 하지 않는 경향이 있는데, 만약 이 가처분신청을 하지 않은 상태에서 인도명령신청에 의한 명도집행을 하려고 현장을 가 본 결과 점유자가 다르다면 명도집행시 곤란을 입을 수도 있기에 이 신청을 하는 것도 나쁘지만은 않다.

■ **가처분 분석**

1) 근저당권 ⇨ 가처분 ⇨ 강제경매신청 ⇨ 낙찰 ⇨ 가처분회복 청구소송

근저당권이 설정되어 있으나 근저당권에 기한 피담보채권액이 없다면 이 근저당권은 형식상의 근저당권으로서, 비록 가처분등기가 근저당권 이후에 설정되어 경매절차상에서 말소되었더라도 최선순위 근저당권이 효력이 없다면 이 때 말소기준권리는 강제경매신청등기가 되어 이 등기보다 먼저 등기된 가처분등기는 회복되어야 하고, 회복된다는 것은 낙찰자에게 인수된다는 의미로서 가처분권자가 전 소유자 및 낙찰자를 상대로 소유권말소청구소송을 제기하여 승소한다면 낙찰자는 소유권을 상실하게 된다(=대법원 97다26104 판결 참조).

2) 가처분등기 ⇨ 근저당권

선순위에 가처분되어 있는 물건을 낙찰받아 소유권이전을 하였더라도 가처분집행의 효력이 상실되지 않기에 가처분권자가 본안소송을 제기하여 이긴다면 가처분권자는 본인 명의로 소유권이전 및 낙찰자 명의의 소유권이전등기의 말소를 구할 수 있다. 이 경우 낙찰자는 민법 제578조(= 경매와 매도인의 하자담보책임)에 의해 보호받을 수 있으나, 집행실무에서는 가처분이 최선순위인 경우 경매개시결정과 등기촉탁을 끝낸 후 경매절차를 정지한다.

3) 근저당권 ⇨ 가처분등기

후순위 가처분등기는 매각으로 소멸한다. 즉, 가처분채무자의 소유권취득이 적법한 것을 전제로 저당권이 설정되어 경매진행되었고, 경매절차에서 낙찰자가 경매대금을 납부하면 가처분등기는 말소대상이 되는데, 나중에 가처분채무자의 소유권이전이 무효인 것으로 판명되어 가처분채권자가 승소하였다면 비록 가처분등기가 경매절차상 매각으로 말소되었더라도 가처분권자는 낙찰자에 대하여 소유권을 주장할 수 있다.

4) 가처분등기 ⇨ 주택임대차 ⇨ 가처분권자가 소송제기

가처분등기가 된 주택을 임차한 후 가처분권자가 소유자를 상대로 소송을 제기하여 이긴 경우 가처분등기 이후의 주택임차인은 가처분권자에게 대항할 수 없어 주택을 비워 주어야 한다.

5) 근저당권 ⇨ 가처분등기 ⇨ 주택임대차 ⇨ 경매신청

최선순위에 근저당권이 설정되었고 그 후 가처분등기가 된 상태에서 근저당권자가 경매신청하였다면 소멸기준인 근저당권 이후의 가처분등기와 주택임차인은 경매로 소멸하게 된다.

6. 전세권

전세권이란 전세금을 집주인(= 전세권 설정자)에게 지급하고 전세권이라는 물권을 등기하여 전세권자가 전세목적물을 사용(用)하고 수익(益)할 수 있는 권리로서 용익(用益)물권의 성격이 있으며, 전세권 설정기간이 만료되었음에도 불구하고 집주인이 전세금을 반환하지 않을 경우 전세권에 의해 전세목적물을 처분(= 경매신청)할 수 있는 담보물권적인 성격도 있어 전세권을 특수한 용익물권이라고도 한다.

경매물건에 있어서 말소기준권리 이후에 설정된 전세권은 경매결과 순위에 의해 배당받고 소멸되나, 말소기준권리 이전에 설정되었다면 원칙적으로 소멸되지 않고 낙찰자에게 인수되는 경우가 있다.

| 6 | 전세권설정 | 2008년 10월 27일 제42564호 | 2008년 10월 27일 설정계약 | 전세금 금480,000,000원
범 위 주거용 건물의 전부
존속기간 2010년 10월 26일까지
전세권자 대만 왕○○ 740127-8○○○○○○○
서울특별시 강서구 염창동 275-5 세오리버켈리스 102-1401 |

1) 소멸되는 전세권

❶ 말소기준권리 이후에 설정된 전세권

말소기준권리인 근저당권 등보다 나중에 전세권이 설정되었다면 경매절차에서 전세금 전액을 배당받건 배당받지 못하건 간에 무조건 소멸하게 된다. 이는 전세권보다 먼저 설정된 말소기준권리가 배당받고 소멸하면 후순위 전세권은 선순위 말소기준권리와 운명을 함께하여 소멸하는 것이다.

❷ 말소기준권리 이전에 설정된 전세권

선순위 전세권자가 법원이 공고한 배당요구종기일(=최초 매각기일 이전)까지 채권계산서를 제출하면 배당받고 소멸한다(=민사집행법 제91조 제4항 단서).

❸ 선순위 전세권자가 경매신청한 경우

선순위 전세권이 임의경매신청을 하였다면 전세권과 저당권은 경매로 모두 소멸한다. 이 때 말소기준권리는 선순위 전세권이 되는데, 참고로 전세권에 기한 임의경매신청을 하였다는 것은 집합건물과 같이 건물 전부에 전세권이 설정된 경우에 한하며, 단독주택 등 건물 일부에 설정된 전세권은 전세권 그 자체만으로 경매신청할 수 없고, 소유자를 상대로 전세금반환청구소송에 의한 판결문으로 건물 전부를 강제경매신청하여 대지 매각대금을 제외한 건물 매각대금에서만 우선변제 받을 뿐이다. 이 경우의 전세권은 말소기준권리에 해당되지 않는다.

그러나 후순위 저당권이 경매신청을 하면 선순위 전세권은 소멸되지 않으나 채권계산서를 최초 매각기일 이전까지 제출하면 배당받고 소멸하는데, 선순위 전세권자의 채권계산서 제출여부를 입찰 전에 확인하여야 한다.

2) 인수되는 전세권

말소기준권리보다 먼저 설정된 전세권이 경매절차상에서 채권계산서를 제출하지 않으면 무조건 낙찰자의 부담으로 된다.

3) 전세권의 배당범위

집합건물이 아닌 단독주택 등에 전세권이 설정되었다면 전세권의 효력은 건물 부분에만 미쳐 건물 매각대금에서 우선변제 받을 수 있으나, 아파트 등 집합건물의 전유부분에 설정된 전세권의 경우 전세권은 전유부분의 종된 권리인 대지권에까지 그 효력이 미쳐 대지 및 건물 매각대금 전부에 대하여 우선변제권을 가지게 된다(= 대법원 2002년 6월 14일, 2001다68389 판결, 배당이의).

그리고 아파트 등 집합건물이 아닌 단독주택의 건물 부분에 전세권을 설정하였다면 전세권의 효력은 건물 부분에만 미치기에 경매결과 건물 경매대금에 대하여만 우선변제 받을 수 있으나, 임차인이 전입신고 및 임대차계약을 체결하였다면 전세권등기일에 임대차계약 증서상에 확정일자를 받은 것과 같은 효력이 발생되어 배당시 토지 및 건물 경매대금 전부에 대하여 후순위 권리자보다 전세금을 우선해서 변제받을 권리(= 우선변제권)를 주장 할 수 있다(= 대법원 2002년 11월 8일 선고, 2001다51725).

4)전세권에 의한 경매신청

❶ 임의경매

공동주택에 설정된 전세권은 전세기간 만료 후 임의경매신청을 할 수 있다. 즉, 전세권은 용익물권이나 공동주택에 설정된 전세권의 효력은 전유부분뿐만 아니라 대지권에까지 미치기에 담보권에 준하여 임의경매신청이 가능한 것이다.

❷ 강제경매

공동주택이 아닌 일반주택이나 상가 등에 전세권을 설정하였을 경우 전세권은 건물부분에만 효력이 미치고 토지에는 미치지 않기에 공동주택에 설정된 전세권처럼 전세권에 기한 임의경매신청을 할 수 없다. 따라서 전세권자는 소유자를 상대로 전세금 반환소송을 제기하여 판결문으로 토지 및 건물 전부를 강제경매신청한 후 배당은 토지 경매대금을 제외한 건물 경매대금 전부에 대하여 후순위 권리자보다 우선변제 받을 따름이다(=민법 제303조 제1항 : 전세권자는 전세금을 지급하고 타인의 부동산을 점유하여 그 부동산의 용도에 좇아 사용·수익하며, 그 부동산 전부에 대하여 후순위권리자 기타 채권자보다 전세금의 우선변제를 받을 권리가 있다).

5) 전세권 관련 대법원판결

❶ 대항력 있는 임차인이 전세권까지 설정한 경우(=대법원 93다39676 판결)

■ 대법원 93다39676 판결 ■

주택임차인으로서의 우선변제를 받을 수 있는 권리와 전세권자로서 우선변제를 받을 수 있는 권리는 근거규정 및 성립요건을 달리하는 별개의 것이므로, 주택임대차보호법상 대항력을 갖춘 임차인이 임차주택에 관하여 전세권설정등기를 경료하였다거나 전세권자로서 배당절차에 참가하여 전세금의 일부에 대하여 우선변제를 받은 사유만으로는 변제받지 못한 나머지 보증금에 기한 대항력 행사에 어떤 장애가 있다고 볼 수 없다.

7. 환매권등기

1) 환매등기는 말소기준권리보다 선순위는 인수, 후순위는 말소가 된다. 환매등기는 매매등기와 동시에 환매권을 보류하는 특약을 한 때에는 제3자에 대하여 효력이 있다. 환매등기가 된 부동산을 매수한 자는 환매권자가 환매권을 행사하면 소유권을 상실한다. 즉, 인수되는 환매등기가 있는 부동산을 낙찰받아 낙찰자 명의로 소유권이전을 하면 낙찰자는 환매의무자가 되고, 등기부상 환매권리자는 환매대금을 환매의무자에게 지급하여야만 소유권을 다시 이전받기 때문에 낙찰금액(=예로서 2억원)과 환매대금(=예로서 3억원)을 비교하여 환매대금이 낙찰금액보다 많다면 환매권리자는 낙찰자에게 3억원을 지급하고 소유권을 이전해 가기 때문에 이러한 경우 오히려 낙찰자에게 유리하다. 그러나 낙찰금액(=예로서 3억원)이 환매대금(=예로서 2억원)보다 많다면 낙찰자는 2억원

만 받고 소유권을 환매권리자에게 이전시켜 주어야 하기 때문에 재산상 손실이 발생될 수도 있어 인수되는 환매등기가 있는 부동산을 낙찰받고자 할 경우에는 낙찰금액과 환매대금을 비교한 후 입찰에 임해야 할 것이다.

2) 환매기간은?

부동산의 경우 환매기간은 5년인데, 이는 강행규정으로서 5년의 기간이 경료된 환매등기의 환매권리자는 환매권을 행사할 수 없게 된다(=민법 제591조 제1항).

8. 경매기입등기

1) 경매절차에서 경매개시결정등기가 등기부에 기입되면 압류의 효력이 발생한다. 경매기입등기 중에서 강제경매기입등기는 등기부상에 원칙적인 말소기준권리가 없는 경우에 한하여 말소기준 권리로서 작용을 하는 경우가 있다.

12	강제경매개시결정	2008년 4월 27일 제21295호	2008년 4월 27일 서울중앙지방법원의 강제경매개시결정 (2010타경12082)	채권자 한○○ 611212-1○○○○○○ 서울 강서구 염창동 244-2 한마음 삼성아파트 101-1203

2) 채권자의 경매신청이 적합하면 법원은 변론 없이 경매개시결정을 한다. 개시결정은 경매신청에 대한 재판이며 이에 대하여 경매절차를 개시한다는 뜻 및 그 부동산의 압류를 명하는 뜻을 기재하

게 된다. 법원은 개시결정을 한 때에도 지체 없이 직권으로 그 사유(개시결정을 한 뜻)를 등기부에 기입할 것을 소관 등기소공무원에게 촉탁하게 된다. 이 등기의 목적은 제3자에 대하여 그 부동산에 관하여 압류가 되었다는 것을 공시함으로써 제3자로 하여금 그 등기 이후에 권리를 취득하더라도 경매신청인이나 매수인에게 대항할 수 없도록 하기 위함이다. 개시결정에 따른 압류의 효력은 부동산 소유자에게 그 정본이 송달된 때에 생기는 것이 원칙이나, 경매실무에서 소유자에게 송달하기 전에 개시결정등기부터 하는 경우에는 그 등기시에 압류의 효력이 생기게 된다. 따라서 압류 후에 이루어진 권리변동은 경매 매수인에게 대항하지 못한다.

9. 법정지상권

법정지상권이란 남의 토지 위에 건물을 소유한 사람이 토지소유자에게 토지사용료조로 일정금액을 지급하고 최장 30년 동안 토지를 사용할 수 있는 권리로서 법률의 규정에 의해 법정지상권이 성립되면 이를 등기하지 않아도 당연히 취득되는 권리를 말한다(=민법 제366조).

1) 법정지상권 성립요건

건물소유자가 남의 토지를 적법하게 사용할 수 있는 법정지상권은 토지와 건물의 소유자가 동일인이었다가 경매로 인해 토지와 건물소유자가 달라졌을 때에 토지소유자는 건물소유자를 위해 지상권을 설정한 것으로 보는데, 법정지상권의 성립요건은 다음과 같다.

❶ 토지에 저당권이 설정된 때에 건물이 존재해야 한다.
　토지에 저당권이 설정될 당시에 지상에 건물이 반드시 존재하여야 한다. 지상에 건물이 없는 상태에서 토지에 저당권을 설정할 경우 저당권자는 담보가치를 높게 평가하여 담보를 취득하는 것이 일반적인데, 만약 토지에 저당권을 설정한 후 신축된 건물에 대하여도 법정지상권을 인정한다면 토지의 담보가치가 떨어질 것이고, 그러하다면 나대지 상태에서 토지를 담보취득한 저당권자의 이익이 침해되기 때문에 법정지상권이 인정되기 위해서는 저당권 설정 당시 지상에 건물이 반드시 있어야 한다. 건물등기가 없더라도 건물이 존재하면 된다.
　따라서 미등기 건물이 존재하더라도 토지와 건물의 소유자가 동일인이라면 법정지상권의 성립요건이 된다. 또한 건물을 개축하거나 재축한 경우에도 인정이 되며, 구건물을 철거하고 새로이 건축하였을 경우에도 또한 법정지상권이 인정된다.

❷ 토지와 건물의 소유자가 동일인이어야 한다.
　근저당권 설정당시에 토지 및 건물의 소유자가 동일인이어야 한다. 따라서 근저당권 설정당시 토지와 건물의 소유자가 다르다면 법정지상권은 성립되지 않는다.

❸ 토지와 건물 한쪽 또는 양쪽에 근저당권이 설정되어야 한다.

토지와 건물 한쪽 또는 양쪽 모두에 근저당권이 설정된 후 경매 결과 소유자가 달라진다면 법정지상권이 인정되며, 토지와 건물 어느 쪽에도 근저당권이 설정되어 있지 않았으나 매매 등의 원인으로 소유자가 달라졌다면 이 때에는 관습법상 법정지상권이 성립된다.

❹ 경매결과 토지와 건물소유자가 달라져야 한다.
토지 및 건물의 소유자가 같고, 토지에 저당권이 설정될 당시 지상에 건물이 존재한 상태에서 저당권자의 경매신청에 의해 토지와 건물의 소유자가 달라져야 한다.

2) 법정지상권의 성립시기와 등기여부

법정지상권의 성립시기는 낙찰자가 낙찰대금을 완납한 때이고, 이 때로부터 최장 30년간 법정지상권이 유지된다. 그리고 법정지상권은 법률의 규정(=민법 제366조)에 의한 물권 취득으로서 등기를 필요로 하지 않는다.

3) 존속기간

법정지상권의 존속기간은 판례는 기간의 약정을 하지 않은 지상권으로 보며, 기간의 약정을 하지 않은 지상권의 존속기간은 민법 제280조 제1항 규정의 최단기간으로 보아 ▶ 석조, 석회조, 연와조 또는 이와 유사한 견고한 건물이나 수목의 소유를 목적으로 하는 때에는 30년 ▶ 그 밖의 건물의 소유를 목적으로 하는 때에는 15년

▶ 건물 이외의 공작물의 소유를 목적으로 하는 때에는 5년으로 된다.

4) 법정지상권의 범위

법정지상권이 성립될 경우 법정지상권자의 토지사용권 범위는 건물의 대지에 한정되지 않고 건물의 유지 및 사용에 일반적으로 필요한 범위내에서 건물의 대지 이외의 대지에도 미치는데, 예로서 지상의 창고가 법정지상권을 가진다면 창고로 이용하는데 있어서 일반적으로 필요한 주변토지에 까지 그 효력이 미친다(=대법원 1977년 7월 26일, 77다921 판결, 부당이득금반환).

5) 지료(地料)

타인의 토지를 사용함으로서 건물소유자가 이득을 얻었다면 이는 부당이득에 해당되고, 따라서 지료의 지급은 이러한 부당이득에 대한 반환의 성격을 가지는데, 지료의 산정은 토지 및 건물 소유자간의 협의에 의해 결정하고, 협의가 안 되면 법원에 청구하여 결정하여야 하며, 지료액의 정도는 아무런 제한 없이 타인 토지를 사용함으로서 얻는 이익에 상당하는 대가이어야 한다(=대법원 1995년 9월 15일, 94다61144 판결, 지료 등).

6) 법정지상권의 성립여지가 있는 물건에 대한 접근방법

법정지상권을 가지는 건물이 소재하는 토지를 낙찰받았을 경우 실패한 경매투자라고 생각할 수도 있다. 이는 법정지상권자 즉, 건물

소유자가 가지는 권리만을 생각하고 토지 낙찰자가 가지는 권리는 생각하지 않기 때문에 실패한 경매투자라고 단정짓는데, 그러나 토지 낙찰자가 건물 소유자에게 주장할 수 있는 권리 즉, 지료지급 요청 및 지료지급을 지체할 경우 지상건물을 강제집행한 후 지상건물을 토지 낙찰자가 낙찰받는다면 반드시 실패한 경매투자라고 단정지을 필요는 없을 것이다.

정리하자면 법정지상권이 성립되면 지료청구를 하고, 성립되지 않는다면 건물철거소송 등의 절차를 밟아 토지 낙찰자의 권리를 주장할 수 있어, 토지만 경매로 나왔을 경우 시세의 절반 정도의 가격으로 취득할 수 있다면 주도권은 토지 낙찰자에게 있어 이 또한 투자대상으로 삼아도 괜찮을 것이다.

7) 법정지상권 판례연구

❶ 지료지급에 대한 약정이 없는 경우: 대법원 95다52864
민법 제366조 단서의 규정에 의하여 법정지상권의 경우 그 지료는 당사자의 협의나 법원에 의하여 결정하도록 되어 있는데, 당사자 사이에 지료에 관한 협의가 있었다거나 법원에 의하여 지료가 결정되었다는 아무런 입증이 없고 법정지상권에 관한 지료가 결정된 바 없다면, 법정지상권자가 지료를 지급하지 않았다고 하더라도 지료 지급을 지체한 것으로는 볼 수 없으므로 법정지상권자가 2년 이상의 지료를 지급하지 아니하였음을 이유로 하는 토지 소유자의 지상권 소멸청구는 이유가 없다.

❷ 나대지상에 근저당권 설정 후 건물 신축의 경우: 대법원 95마

1262

건물 없는 토지에 저당권이 설정된 후 저당권설정자가 그 위에 건물을 건축하였다가 담보권의 실행을 위한 경매절차에서 경매로 인하여 그 토지와 지상건물이 소유자를 달리하였을 경우에는, 민법 제366조의 법정지상권이 인정되지 아니할 뿐만 아니라 관습상의 법정지상권도 인정되지 아니한다.

❸ 토지상에 근저당권이 설정될 당시 건축 중인 경우: 대법원 2003다29043

민법 제366조의 법정지상권은 저당권설정 당시 동일인의 소유에 속하던 토지와 건물이 경매로 인하여 양자의 소유자가 다르게 된 때에 건물의 소유자를 위하여 발생하는 것으로서, 토지에 관하여 저당권이 설정될 당시 토지 소유자에 의하여 그 지상에 건물을 건축 중이었던 경우 그것이 사회관념상 독립된 건물로 볼 수 있는 정도에 이르지 않았다 하더라도 건물의 규모, 종류가 외형상 예상할 수 있는 정도까지 건축이 진전되어 있었고, 그 후 경매절차에서 매수인이 매각대금을 다 낸 때까지 최소한의 기둥과 지붕 그리고 주벽이 이루어지는 등 독립된 부동산으로서 건물의 요건을 갖추어야 법정지상권의 성립이 인정된다.

❹ 법정지상권이 성립되는 건물을 낙찰받은 경우: 대법원 84다카1578

건물소유를 위하여 법정지상권을 취득한 자로부터 경매에 의하여 그 건물의 소유권을 이전받은 경락인은 경락 후 건물을 철거한다는 등의 매각조건하에서 경매되는 경우 등 특별한 사정이 없는 한 건물의 경락취득과 함께 위 지상권도 당연히 취득한다.

❺ 동일인 소유의 토지와 지상건물에 대하여 공동저당권이 설정된 후 그 건물이 철거되고 다른 건물이 신축된 경우, 저당물의 경매로 인하여 토지와 신축건물이 서로 소유자가 달라진 경우 법정지상권 성립 여부: 대법원 98다43601

동일인의 소유에 속하는 토지 및 그 지상건물에 관하여 공동저당권이 설정된 후 그 지상건물이 철거되고 새로 건물이 신축된 경우에는 그 신축건물의 소유자가 토지의 소유자와 동일하고 토지의 저당권자에게 신축건물에 관하여 토지의 저당권과 동일한 순위의 공동저당권을 설정해 주는 등 특별한 사정이 없는 한 저당물의 경매로 인하여 토지와 그 신축건물이 다른 소유자에 속하게 되더라도 그 신축건물을 위한 법정지상권은 성립하지 않는다고 해석하여야 하는바, 그 이유는 동일인의 소유에 속하는 토지 및 그 지상건물에 관하여 공동저당권이 설정된 경우에는, 처음부터 지상건물로 인하여 토지의 이용이 제한받는 것을 용인하고 토지에 대하여만 저당권을 설정하여 법정지상권의 가치만큼 감소된 토지의 교환가치를 담보로 취득한 경우와는 달리, 공동저당권자는 토지 및 건물 각각의 교환가치 전부를 담보로 취득한 것으로서, 저당권의 목적이 된 건물이 그대로 존속하는 이상은 건물을 위한 법정지상권이 성립해도 그로 인하여 토지의 교환가치에서 제외된 법정지상권의 가액 상당 가치는 법정지상권이 성립하는 건물의 교환가치에서 되찾을 수 있어 궁극적으로 토지에 관하여 아무런 제한이 없는 나대지로서의 교환가치 전체를 실현시킬 수 있다고 기대하지만, 건물이 철거된 후 신축된 건물에 토지와 동순위의 공동저당권이 설정되지 아니 하였는데도 그 신축건물을 위한 법정지상권이 성립한다고 해석하게 되면, 공동저당권자가 법정지상권이 성립하는 신축건물의 교환가치를 취득할 수 없게 되는 결과 법정지상권의 가액 상당 가치를 되찾을 길이 막혀 위와 같이 당초 나대지로서의 토지의 교환가치 전체를 기대하여 담보를 취득한 공동저당권자에게 불측의 손해를 입게 하기 때문이다.

- **공동저당** : 토지 및 건물 전부에 대하여 근저당권을 설정하였으나 근저당건이 설정된 건물을 멸실시키고 새로운 건물을 건축하였는데, 근저당권자가 토지근저당권을 실행하여 토지와 건물의 소유자가 달라졌을 경우 법정지상권은 인정되지 않는다.
- **단독저당** : 토지 상에 건물이 있는 상태에서 토지에만 근저당권을 설정하였고, 그 후 지상건물을 멸실시키고 건물을 신축하였는데, 토지 근저당권자가 토지만 경매신청하여 토지와 건물의 소유자가 달라졌을 때에 법정지상권은 인정된다고 보아야 한다.

10. 유치권

1) 유치권이란?

유치권이란 타인의 물건 등을 점유한 자가 그 물건에 관하여 발생된 채권이 있을 경우 그 채권을 변제받을 때까지 물건 등을 유치할 수 있는 권리로서(=민법 제320조 제1항), 예로서 시계수리업자는 시계라는 물건에서 발생된 채권(=시계수리비)을 변제받을 때까지 시계의 인도를 거절하고 유치(=가지고 있는 것)할 수 있는 권리와 임차인이 임차목적물에 투여한 필요비 및 유익비의 반환을 받을 때까지(=민법 제325조) 임차목적물을 보유할 수 있는 권리를 유치권이라 하는데, 이와 같이 유치권은 목적물을 유치함으로써 채무변제를 간접적으로 강제할 수 있다. 그러나 유치권자가 점유를 상실하면 이로써 유치권은 소멸하게 된다(=민법 제328조).

그리고 유치권은 우선변제권이 없으나 유치권의 목적물이 경매 또는 강제집행되더라도 유치권자는 낙찰자에게 유치권에 기한 채권을 변제받을 때까지 목적물의 인도를 거절할 수 있어 사실상 우선변제권이 있는 것으로 보아야 한다.

또한 유치권은 일정한 요건만 갖추면 당사자의 의사와는 상관없이 당연히 발생되는 법정담보물권으로서 경매물건에도 유치권이라는 복병이 간혹 도사리고 있는 경우가 있는데, 유치권은 소멸기준 전후를 떠나서 낙찰자가 무조건 인수하여야 하는 권리에 해당된다.

2) 유치권의 성립요건

❶ 유치권의 목적물

유치권은 법정담보물권(=법률상 당연히 성립되는 물권)으로서 그 목적물이 될 수 있는 것은 동산, 부동산, 유가증권이며, 유치권은 그 목적물을 점유하면 발생되고, 특히 부동산 유치권의 경우 등기를 요하지 않는다(=부동산등기법 제2조). 따라서 건물의 경우 공사대금을 반환받지 못한 건축업자가 있거나, 임차인이 임차목적물에 대하여 필요비 또는 유익비를 지출하였을 경우, 낙찰자는 낙찰금액과는 별도로 공사대금 또는 임차인이 들인 비용을 부담해 주어야 하는 경우가 간혹 발생되곤 한다.

❷ 채권이 목적물 자체에서 발생되어야 한다

유치권에 기한 채권이 유치권의 목적물과 관련하여 발생되어야 한다(=민법 제320조 제1항). 예로서 임차인이 임차목적물에 들인 필요비 또는 유익비의 상환청구권, 물건의 하자로 인해 발생된 손해배상청구권 등으로서 채권이 목적물 자체에서 발생되어야 한다(=대법원 76다582, 건물명도).

따라서 물건과 관련하여 발생된 채권이 아니면 유치권이 성립되지 않는다. 예로서 임차인의 보증금반환청구권은 유치권의 대상이 되지 않는데(=대법원 77다115 건물명도), 임차보증금반환채권은 임차목적물에 대하여 생기는 채권으로서 임대인에 대한 채권이지 임차목적물 자체와 관련하여 발생된 채권이 아니기 때문이다.

❸ 채권의 발생시기

물건에 대한 채권이 그 목적물을 점유하기 전에 발생되었더라도 나중에 목적물을 점유하면 유치권은 성립된다. 따라서 점유하던 중 또는 점유와 동시에 채권이 발생되어야만 하는 것은 아니다(= 대법원 64다1977, 가옥명도 및 손해배상).

■ **대법원 64다1977 판결**

> 유치권자가 유치물을 점유하기 전에 발생된 건축비채권이라도 그후 그 건물의 점유를 취득했다면 유치권은 성립한다.

❹ 타인의 물건을 점유하여야 한다.

유치권자는 타인의 물건을 점유하여야 하며, 점유는 계속되어야 하는데, 점유는 직접점유이든 간접점유이든 간에 상관없으나, 만약 점유를 상실하면 유치권은 소멸하게 된다(= 민법 제328조).

여기서 타인은 채무자만을 의미하지 않고 그 승계인도 포함되어 (= 대법원 71다2414, 가옥명도), 유치권이 성립된 후 소유자의 변동이 있더라도 유치권자는 유치권을 행사할 수 있고, 유치권이 성립되는 부동산을 낙찰받은 자 역시 채무자의 승계인에 해당되어 유치권자의 채권을 변제해야 할 의무가 있는 것이다.

■ **대법원 71다2414 판결**

> 유치권자의 점유하에 있는 유치물의 소유자가 바뀌더라도 유치권자의 점유는 적법한 것이므로, 그 후 유치권자가 유치물에 관하여 새로이 유익비를 지급하여 그 증가가 현존하는 경우에는 이 유익비에 대하여도 유치권을 행사할 수 있다.

❺ 불법행위에 의한 점유가 아니어야 한다.

유치권자의 점유가 불법행위에 기인하여서는 아니 된다. 이는 불법행위에 의해 점유를 한 자에 대하여 까지도 유치권을 인정하여 그 채권을 보호해 줄 필요가 없기 때문인데, 예로서 타인의 물건을 훔친 자가 그 물건을 고쳤더라도 수선비 채권에 대한 유치권이 성립되지 않는 것이다(= 대법원 71다1442, 원고의 소유권취득 후에 이 사건 부동산을 점유하기 시작한 피고는 원고에 대하여 불법점유자이므로 피고의 유치권 주장은 부당하다).

3) 유치권자의 권리

❶ 목적물의 유치(= 점유)

유치권을 가지는 자는 유치권에 기한 채권을 변제받을 때까지 물건 등을 유치(=물건 등의 점유를 계속하면서 인도를 거절하는 것)할 수 있다. 여기서 점유의 의미와 판단기준으로서 판례(=대법원 1996년 95다8713판결, 공사대금)는 "점유라고 함은 물건이 사회통념상 그 사람의 사실적 지배에 속한다고 보여지는 객관적 관계에 있는 것을 말하고, 사실상의 지배가 있다고 하기 위하여는 반드시 물건을 물리적·현실적으로 지배하는 것만을 의미하는 것이 아니고, 물건과 사람과의 시간적, 공간적 관계와 본권관계, 타인지배의 배제가능성 등을 고려하여 사회관념에 따라 합목적적으로 판단하여야 한다."라고 규정하였다. 따라서 물건 등을 직접점유는 물론 간접점유하여도 유치권의 효력이 인정된다.

❷ 비용상환청구권

부동산이 경매신청될 경우 임차인 등이 부동산의 보존 또는 개량을 위해 비용(=필요비 또는 유익비)을 지출하였다면 경매대금에서 우선변제 받을 수 있다[=민법 제367조: 저당물의 제3 취득자가 그 부동산의 보존, 개량을 위하여 필요비 또는 유익비를 지출한 때에는 점유권자의 상환청구권(=민법 제203조 제1항, 제2항) 규정에 의하여 저당물의 경매대가에서 우선상환을 받을 수 있다]. 따라서 필요비나 유익비를 경매대금으로부터 우선변제 받기 위해서는 필요비의 경우 그 지출금액을, 유익비의 경우 지출금액 또는 부동산가액의 증가액을 증명하여 경매법원에 점유권자의 상환청구권에 기한 청구를 하여야 한다. 민법 제626조에서 임대인의 상환의무를 규정한 유익비라 함은 임차인이 임차물의 객관적 가치를 증가시키기 위하여 투입한 비용이고, 필요비라 함은 임차인이 임차물의 보존을 위하여 지출한 비용을 말한다.

❸ 우선변제권

임차인 등이 들인 비용 이외의 유치권에 기한 채권은 우선변제권이 없어 배당절차에 참여할 수 없으나, 유치권자의 채권액은 낙찰자가 인수[=민사집행법 제91조 제5항: 매수인은 유치권자에게 그 유치권으로 담보하는 채권을 변제할 책임이 있다.]하여야 하기 때문에 결과론적으로 우선변제권이 있는 것과 같은 효력이 발생되는 것이다.

❹ 유치물사용권

유치권자는 유치물의 보존에 필요한 범위내에서 유치물을 사용할 수 있다. 판례는 유치권자가 보존행위로서 유치물을 사용하는 것은 적법행위이므로 불법행위로 인한 손해배상책임이 없으며, 유치물의 소유권변동이 있더라도 유치권자의 점유가 적법하다면 그 후 유치권자가 새로이 비용을 투입하여 부동산가액의 증가가 있는 경우, 이는 유익비로서 유치권을 행사할 수 있다고 하였다(=대법원 71다2414, 가옥명도).

4) 유치권자의 의무

유치권자는 채권을 회수하기 위해 유치목적물을 점유하고 채무자로부터 채권을 회수하면 유치목적물을 채무자에게 반환해 주어야 하기 때문에 유치권자는 선량한 관리자의 주의로서 유치물을 점유하여야 한다(=민법 제324조 제1항).

또한 유치권자는 채무자 또는 소유자의 승낙 없이 유치물을 사용, 임대 또는 담보제공을 할 수 없으나(=민법 제324조 제2항 본문), 유치물의 보존행위는 채무자 등의 승낙 없이 할 수 있다.

11. 지상권

지상권이란 말 그대로 타인 토지를 사용 및 수익할 수 있는 권리를 말한다. 예로서 한국전력공사가 타인 토지상에 송전탑을 설치할 때에는 일정 면적부분에 대하여 지료(=사용료)를 토지 소유자에게 지급하고 일정기간 그 토지를 사용할 수 있는 권리를 말한다. 부동산등기부상에는 지상권의 범위와 지상권의 존속기간이 기재된다.

2	지상권설정	2008년 11월 27일 제73197-1호	2008년 11월 27일 설정계약	목 적 견고한 건물 및 수목의 소유 범 위 토지 전부 존속기간 2008년 11월 17일부터 만 20년 지상권자 농업협동조합중앙회 110135-0037690 　　　　　서울 중구 충정로1가 75 　　　　　(녹번지점)

1) 인수되는 지상권

지상권 A ⇨ 근저당권 B ⇨ 경매신청

2) 인수되지 않는 지상권

❶ 근저당권 A ⇨ 지상권 A ⇨ 근저당권 B ⇨ 경매신청
❷ 지상권 A ⇨ 근저당권 A ⇨ 근저당권 B ⇨ 경매신청

말소기준권리보다 먼저 지상권이 설정되었다면 지상권은 경매로 소멸되지 않고 낙찰자에게 인수되는데, 인수되는 지상권이 있을 경우에 낙찰자는 부동산등기부상 지상권의 존속기간동안 지상권자로부터 지료를 받을 수 있을 뿐이어서 지상권 만료기간까지 완전한 소유권행사를 할 수 없게 된다.

참고로 타인 토지를 적법하게 사용 및 수익할 수 있는 권리로서는 ▶ 법정지상권(=임의경매로 토지와 건물 소유자가 달라진 경우) ▶ 관습법상 법정지상권(=매매나 증여 등으로 토지와 건물 소유자가 달리진 경우로서, 건물을 철거한다는 특약이 없는 경우) ▶ 분묘기지권 ▶ 구분지상권이 있다.

제4절. 기타 권리분석

1. 세대합가

1) 후순위 임차인이 선순위 임차인으로 뛰어 오르는 경우가 두 가지가 있는데, 그 하나가 대위변제이고 또 다른 하나가 세대합가의 문제이다. 세대합가에는 일반적으로 두가지를 들 수 있는데, 가족 중 일부가 먼저 입주하고 후에 입주한 사람으로 세대주로 바뀌었을 때 먼저 입주한 사람의 입주일이 법적으로 대항력을 발생시키는 전입일이 되는 경우가 그 하나이고, 초기에는 가족 전부가 전입신고를 하였다가 세대주가 가족 중 다른 사람을 세대주로 만들어 놓고 자신은 전출하였다가 다시 전입하여 세대주가 된 경우이다. 이때에도 최초 가족 모두가 전입한 날짜가 대항력 있는 전입일이 된다.
2) 대법원판례도 이러한 세대합가를 인정하고 있다. 주택 임차인이 그 가족과 함께 그 주택에 대한 점유을 계속하고 있으면서 그 가족의 주민등록을 그대로 둔 채 임차인만 주민등록을 일시 다른 곳으로 옮긴 경우라면, 전체적으로나 종국적으로 주민등록의 이탈이라고 볼 수 없는 만큼, 임대차의 제3자에 대한 대항력을 상실하지 아니한다.

2. 대위변제

1) 대위변제란 채무자의 빚을 다른 사람이 대신 갚아 주는 경우이다. 경매절차에서의 대위변제란 대위변제를 통한 등기의 말소 또는 순위상승을 의미한다. 경매물건은 보통 매각(경낙)이 되면 최초 근저당 뒤에 있는 가압류 등의 권리관계는 효력이 없다. 그러나 최우선 순위의 채권액이 소액이고 후순위 임차인의 전세보증금이 많으면 대위변제의 가능성이 크다. 즉 최선위근저당이 소액일 경우 후순위 임차인이 전세보증금을 지키기 위해 소액의 선순위 저당권을 대신 갚아 선순위 임차인 권리를 확보, 보증금을 지킬 수 있게 된다. 따라서 최우선 순위의 채권액이 소액이고 후순위 임차인의 전세보증금이 많으면 대위변제 가능성이 크다.

2) 대위변제를 할 수 있는 시기와 매수자(낙찰자)의 법적조치

    대위변제를 할 수 있는 시기는 매수인이 잔금납부를 하기 전까지이다. 선순위 근저당이 대위변제로 소멸하고 후순위의 임차권이 최선순위가 되어 매수자(경낙자)가 그 부담을 떠안게 되었을 때 경낙자는 대위변제의 시점에 따라 법적인 조치를 취해야 한다.

대위변제 시점	낙찰자의 대처
매각허가결정 전일 때	매각에 대한 이의 및 매각불허가신청을 할 수 있다.
매각허가결정 후 매각허가결정확정 전	즉시항고를 할 수 있다.
매각대금 잔금납부 이전 이면	매각허가결정취소를 신청할 수 있다.

3. 지분의 경매

1) 경매에 나온 물건 중에는 지분경매물건이 있다. 공유물에 대한 지분경매는 경매에 참가하여 경낙을 받는다 할지라도 그 공유자가 매각기일까지 보증을 제공하고 최고가매수신고가격과 같은 가격으로 채무자의 지분을 우선매수하겠다는 신고를 하면 최고가 응찰에도 불구하고 공유자에게 물건을 넘겨주어야 한다.
2) 또한 지분경매에 참가하여 공유물을 취득했을 경우에는 그 보존 및 처분 등에 관하여는 민법상의 공유관계에 대한 규정을 적용받게 되어 사용 및 처분에 제한을 받게 된다. 이러한 지분경매도 모두 피할 것은 아니다. 공유지분 토지는 매수 후 공유지분자와 합의해 분할하면 된다. 합의분할이 실패하면 법원에 「공유물분할청구소송」을 내면 된다.

4. 제시 외 물건

1) 제시 외 물건은 통상 경매 목적물에 포함된다. 경매 공고문이나 경매 정보지에 경매목적물 외에 "제시 외 물건"이라고 표시된 것이 있다. 제시 외 물건은 건물의 증개축된 부분 또는 미등기되어 있는 부속물 등을 말한다. 위 제시 외 물건이 경매 목적물에 포함되는가가 문제가 된다. 그런데 위 제시 외 물건은 통상 경매 목적물에 부합된 물건 또는 종물이므로 이들 물건은 경매목적물에 포함시켜 경매를 진행하고 있으며, 매수인에게 물건의 소유권을

인정하고 있다.
2) 다만, 제시 외 건물이 부합물이나 종물이 아니고 독립된 건물일 때(경매목적물과 구조상 독립성이 있어야 하고 거래상으로도 독립성이 있어야 한다.)에는 매수인은 그 제시 외 건물의 소유권을 취득할 수 없다. 경매정보지를 보면 제시외라고 표시된 것이 보인다. 제시외란 부동산등기부상 표시되지는 않았으나 존재하는 것을 의미하는데, 대법원 판례에 의하면 제시외로 표시된 부분의 면적이 비교적 좁으면 낙찰자의 소유로 되곤 한다. 제시외로 표시된 부분이 부합물 또는 종물이라면 민법 제358조(=저당권의 효력이 저당부동산에 부합된 물건과 종물에 미친다.) 규정에 의해 낙찰자는 제시외에 대하여도 소유권을 취득할 수 있는 것이다.
3) 제시 외 건물이 경매에서 제외되었다는 것은 그 제시 외 건물이 감정평가액에 포함되지 않았다는 것을 의미한다. 따라서 본 건물 낙찰 후 제시 외 건물에 대한 추가 매수협상이 진행되어야 하며, 간혹 그 제시 외 건물이 독립된 건물인 경우 법정지상권이 성립될 여지도 있으므로 주의하여야 한다.

5. 분묘기지권

분묘기지권이란 타인의 토지에 분묘를 설치한 자가 그 분묘를 소유하기 위하여 분묘가 소재한 타인 소유의 토지를 사용할 것을 내용으로 하는 관습에 의해 인정된 지상권과 유사한 물권이다. 분묘기지권은 다음과 같은 경우에 성립되며, 분묘기지권의 존속기간은 분묘가 존속하는 한 계속된다.

- **분묘기지권 성립요건**

▶ 토지 소유자의 승낙을 얻어 분묘를 설치한 경우
▶ 토지 소유자의 승낙없이 분묘를 설치한 경우로서 20년간 평온, 공연하게 그 분묘를 점유한 경우
▶ 자기 토지상에 분묘를 설치한 자가 분묘의 이전을 한다는 특약없이 토지를 매매한 경우

제4장
주택임대차보호법

제1절. 법적 성격

1. 성격

1) 특별법적 성질

주택임대차에 대해서만 적용되는 민법의 특별법으로 동법에 규정된 사항은 민법의 적용이 배제된다. 하지만 주택임대차보호법에 규정되지 않은 사항은 민법을 적용한다.

2) 사회보장법적 성질

경제적 약자인 임차인을 강력히 보호하여 국민의 주거생활의 안정을 보장하기 위한 법으로 사회보장법의 목적을 가지고 있다.

3) 강행법규의 성질

"임차인에게 불리하면 그 효력이 없다(동법 제10조)."라는 명문 규정이 있으므로 편면적 강행규정의 성질을 갖고 있다.

2. 적용범위

1) 자연인의 주거안정을 도모하기 위한 것이므로 외국인에게도 적용이 되나, 법인이 임차인인 경우에는 적용되지 않는다.
   법인은 애당초 법 제3조1항 소정의 대항 요건의 하나인 주민등록을 구비 할 수 없는 점 등에 비추어 보면, 법인의 직원이 주민등록을 마쳤다 하여 이를 법인의 주민등록으로 볼 수 없으므로, 법인이 임차 주택을 인도받아 임대차 계약서상의 일자를 구미하였다하더라도 우선 변제권을 주장할 수는 없다(대법원 1997년 7월 11일, 96다7236).
2) 이 법은 주거용 건물(이하 '주택'이라 한다.)의 전부 또는 일부의 임대차에 관하여 이를 적용한다. 그 임차주택의 일부가 주거외의 목적으로 사용되는 경우에도 또한 같다. 이 경우 주거용 인지의 여부는 공부상의 표시만이 기준이 아니라 그 실지용도에 따라 정한다.
3) 임차주택이 미등기건물, 준공검사를 필하지 못한 건물, 무허가건물, 가건물 등 건축물대장의 등재여부와 관계없이 사실상 주거용으로 사용되면 동법의 적용을 받는다.
4) 이 법은 주거용건물의 등기하지 아니한 전세계약(채권적전세)에도 준용된다. 이러한 미등기전세의 경우 전세금은 임대차의 보증금으로 본다.
5) 주거용건물의 임대차일지라도 일시사용을 위한 임대차임이 명백한 경우에는 동법의 적용이 제외된다.
6) 비주거용 건물을 임대인이나 또는 임대인의 동의를 얻은 임차인

이 주거용으로 개조한 경우에도 동법의 적용이 된다.
7) 통상적으로 건물의 임대차에는 당연히 그 부지부분의 이용을 수반하는 점과 동법 제3조의 2 제1항의 규정에 비추어 주택의 대지에도 동법의 효력이 미친다.

[개정법률 2007. 8. 3.] 일정란 경우 법인에게도 적용

❶ 국민주택기금을 재원으로 하여 저소득층의 무주택자에게 주거생활안정을 목적으로 전세임대주택을 지원하는 법인이 주택을 임차한 후 지방자치단체의 장 또는 해당 법인이 선정한 입주자가 그 주택에 관하여 인도와 주민등록을 마친 때에는 그 익일부터 제3자에 대하여 효력이 생긴다. 이 경우 전입신고를 한 때에 주민등록이 된 것으로 본다.

❷ 대통령령으로 정하는 '대항력이 인정되는 법인'이란 다음 각 호의 법인을 말한다.

1. 「대한주택공사법」에 따른 대한주택공사
2. 「지방공기업법」 제49조에 따라 주택사업을 목적으로 설립된 지방공사

제2절. 대항력

1. 대항력

1) 의의

주택임대차 보호법 제3조 제1항은 "임대차는 그 등기가 없는 경우에도 임차인이 주택의 인도와 주민등록을 마친 때에는 그 익일부터 제3자에 대하여 효력이 생긴다."고 규정하고 있다. 여기에서 '제3자에 대하여 효력이 생긴다.'라는 것이 바로 대항력을 의미한다.

2) 요건

주택의 인도(점유)와 주민등록(전입신고)를 마치면 다음 날(익일)부터 효력이 있다.

3) 효력발생시기

인도와 전입이 같은 날이면 그 익일부터 대항력이 발생되며, 인도와 전입이 다른 날이면 나중 날짜의 익일부터 그 효력이 발생한다.

4) 임차주택의 양수인의 지위

임차주택의 양수인이나 기타 임대할 권리를 승계한 자(매매, 증여, 상속, 경매 등으로 임차물의 소유권 취득자)는 임대인의 지위를 승계한 것으로 본다.

5) 대항력의 유지 및 상실

❶ 주민등록은 대항력의 취득시 뿐만 아니라 그 대항력을 유지하기 위하여 계속 존속 유지하고 있어야 한다.
❷ 주민등록과 공부 상의 불일치가 있으면 대항력을 인정받지 못한다.
❸ 저당권 설정등기 후의 임차인은 저당권자에게 대항할 수 없다.
❹ 임차인 본인뿐만이 아니라 임차인의 동거가족만 전입신고한 경우에도 보호된다.
❺ 전입신고를 잘못한 경우: 임차인이 주소를 잘못 신고하여 오기한 경우는 정정 한 날부터 대항력이 인정된다. 그러나 공무원의 과실로 인하여 다른 지번에 주민등록이 된 경우에는 그러하지 아니하다.
❻ 단독주택은 지번까지를 정확히 표기하여야 하고, 공동주택은 동·호수·층수까지 정확히 표기하여야 대항력이 인정된다.
❼ 전 소유자인 임차인의 대항력은 소유권이전등기가 경료된 다음 날부터 그 효력이 발생한다.
❽ 임차인이 미성년자 이름으로 전입신고하여 미성년자가 그 주택을 점유하고 있어도 점유보조자 자격이 있으므로 대항력이 인정된다.

❾ 임차인의 이중적 지위: 임차인이 대항력을 갖추고 또한 전세권을 설정하였다면 그에 대하여 유리한 지위를 선택할 수 있다.

[주택임대차 관련 대법원 판례]

1) 임차인의 처나 자녀만 전입신고를 한 경우의 대항력

■ **대법원 87다카3093**: 주택임대차보호법 제3조 제1항에서 규정하고 있는 주민등록이라는 대항요건은 임차인 본인뿐 아니라 그 배우자나 자녀 등 가족의 주민등록을 포함한다.

2) 임차인만 주소를 이전한 경우의 대항력

■ **대법원 95다30338**: 주택 임차인이 그 가족과 함께 그 주택에 대한 점유를 계속하고 있으면서 그 가족의 주민등록을 그대로 둔 채 임차인만 주민등록을 일시 다른 곳으로 옮긴 경우라면, 전체적으로나 종국적으로 주민등록의 이탈이라고 볼 수 없는 만큼, 임대차의 제3자에 대한 대항력을 상실하지 아니한다.

3) 임차인을 포함한 가족 전체가 주민등록을 이전한 경우

■ **대법원 97다43468**: 주택의 임차인이 그 주택의 소재지로 전입신고를 마치고 그 주택에 입주함으로써 일단 임차권의 대항력을 취득한 후 어떤 이유에서든지 그 가족과 함께 일시적이나마 다른 곳으로 주민등록을 이전하였다면 이는 전체적으로나 종국적으로 주민등록의 이탈이라고 볼 수 있으므로 그 대항력은 그 전출 당시 이미 대항요건의 상실로 소멸되는 것이고, 그 후 그 임차인이 얼마 있

지 않아 다시 원래의 주소지로 주민등록을 재전입하였다 하더라도 이로써 소멸되었던 대항력이 당초에 소급하여 회복되는 것이 아니라 그 재전입한 때부터 그와는 동일성이 없는 새로운 대항력이 재차 발생하는 것이다.

4) 대항력 및 우선변제권 발생기준

■ **대법원 97다22393** : 주택임대차보호법 제3조 제1항이 인도와 주민등록을 갖춘 다음 날부터 대항력이 발생한다고 규정한 것은 인도나 주민등록이 등기와 달리 간이한 공시 방법이어서 인도 및 주민등록과 제3자 명의의 등기가 같은 날 이루어진 경우에 그 선후관계를 밝혀 선순위 권리자를 정하는 것이 사실상 곤란한데다가, 제3자가 인도와 주민등록을 마친 임차인이 없음을 확인하고 등기까지 경료하였음에도 그 후 같은 날 임차인이 인도와 주민등록을 마침으로 인하여 입을 수 있는 불측의 피해를 방지하기 위하여 임차인보다 등기를 경료한 권리자를 우선시키고자 하는 취지이고, 같은 법 제3조의 2 제1항에 규정된 우선변제적 효력은 대항력과 마찬가지로 주택임차권의 제3자에 대한 물권적 효력으로서 임차인과 제3자 사이의 우선순위를 대항력과 달리 규율하여야 할 합리적인 근거도 없으므로, 법 제3조의 2 제1항에 규정된 확정일자를 입주 및 주민등록일과 같은 날 또는 그 이전에 갖춘 경우에는 우선변제적 효력은 대항력과 마찬가지로 인도와 주민등록을 마친 다음 날을 기준으로 발생한다.

5) 배당이의 소송 중 임차인에 대한 명도요청 가부

- **대법원 97다11195**: 주택임대차보호법 제3조, 제3조의 2, 제4조의 규정에서 임차인에게 대항력과 우선변제권의 두 가지 권리를 인정하고 있는 취지가 보증금을 반환받을 수 있도록 보장하기 위한 데에 있는 점, 경매절차의 안정성, 경매이해관계인들의 예측 가능성 등을 아울러 고려하여 볼 때, 두 가지 권리를 겸유하고 있는 임차인이 우선변제권을 선택하여 임차주택에 대하여 진행되고 있는 경매절차에서 보증금에 대하여 배당요구를 하였다고 하더라도, 순위에 따른 배당이 실시될 경우 보증금 전액을 배당받을 수 없는 때에는 보증금 중 경매절차에서 배당받을 수 있는 금액을 공제한 잔액에 관하여 경락인에게 대항하여 이를 반환받을 때까지 임대차관계의 존속을 주장할 수 있고, 보증금 전액을 배당받을 수 있는 때에는 경락인에게 대항하여 보증금을 반환받을 때까지 임대차관계의 존속을 주장할 수는 없다고 하더라도 다른 특별한 사정이 없는 한 임차인이 경매절차에서 보증금 상당의 배당금을 지급받을 수 있는 때, 즉 임차인에 대한 배당표가 확정될 때까지는 경락인에 대하여 임차주택의 명도를 거절할 수 있는바, 경락인의 임차주택의 명도청구에 대하여 임차인이 동시이행의 항변을 한 경우 동시이행의 항변 속에는 임차인에 대한 배당표가 확정될 때까지 경락인의 명도청구에 응할 수 없다는 주장이 포함되어 있는 것으로 볼 수 있다.

6) 선순위 임차인의 지위

- **대법원 96다53628**: 주택임대차보호법상의 대항력과 우선변제권의 두 가지 권리를 인정하고 있는 취지가 보증금을 반환받을 수 있도록 보장하기 위한 데에 있는 점, 경매절차의 안정성, 경매 이해관계인들의 예측가능성 등을 아울러 고려하여 볼 때, 두 가지 권리를 겸유하고 있는 임차인이 먼저 우선변제권을 선택하여 임차주택에 대하여 진행되고 있는 경매절차에서 보증금 전액에 대하여 배당요구를 하였다고 하더라도, 그 순위에 따른 배당이 실시될 경우 보증금 전액을 배당받을 수 없었던 때에는 보증금 중 경매절차에서 배당받을 수 있었던 금액을 공제한 잔액에 관하여 경락인에게 대항하여 이를 반환받을 때까지 임대차관계의 존속을 주장할 수 있다고 봄이 상당하며, 이 경우 임차인의 배당요구에 의하여 임대차는 해지되어 종료되고, 다만 같은 법 제4조 제2항에 의하여 임차인이 보증금의 잔액을 반환받을 때까지 임대차관계가 존속하는 것으로 의제될 뿐이므로, 경락인은 같은 법 제3조 제2항에 의하여 임대차가 종료된 상태에서의 임대인의 지위를 승계한다.

7) D동을 라동으로 전입신고한 경우 대항력 유무

- **대법원 99다4207**: 등기부상 동·호수 표시인 'D동 103호'와 불일치한 '라동 103'호로 된 주민등록은 그로써 당해 임대차건물에 임차인들이 주소 또는 거소를 가진 자로 등록되어 있는지를 인식할 수 있다고 보여지지 아니한다고 하여 위 주민등록이 임대차의 공시방법으로서 유효하다고 할 수 없다.

8) 부동산등기부와 건축물대장상 건물표시가 상이한 경우

■ **대법원 2002다1796**: 임차인이 집합건축물대장의 작성과 소유권보존등기의 경료 전에 연립주택의 1층 101호를 임차하여 현관문상의 표시대로 호수를 101호로 전입신고를 하였고 그 후 작성된 집합건축물대장상에도 호수가 101호로 기재되었으나 등기부에는 1층 101호로 등재된 경우, 임차인의 주민등록은 임대차의 공시방법으로써 유효하다.

▶ 부동산등기부: 1층 101호
▶ 건축물대장: 101호
▶ 전입신고: 101호

9) 전 소유자가 임차인일 경우 대항력 발생일

■ **대법원 99다59306**: 갑이 주택에 관하여 소유권이전등기를 경료하고 주민등록 전입신고까지 마친 다음 처와 함께 거주하다가 을에게 매도함과 동시에 그로부터 이를 다시 임차하여 계속 거주하기로 약정하고 임차인을 갑의 처로 하는 임대차계약을 체결한 후에야 을 명의의 소유권이전등기가 경료된 경우, 제3자로서는 주택에 관하여 갑으로부터 을 앞으로 소유권이전등기가 경료되기 전에는 갑의 처의 주민등록이 소유권 아닌 임차권을 매개로 하는 점유라는 것을 인식하기 어려웠다 할 것이므로, 갑의 처의 주민등록은 주택에 관하여 을 명의의 소유권이전등기가 경료되기 전에는 주택임대차의 대항력 인정의 요건이 되는 적법한 공시방법으로서의 효력이 없고 을 명의의 소유권이전등기가 경료된 날에야 비로소 갑의 처와 을

사이의 임대차를 공시하는 유효한 공시방법이 된다고 할 것이며, 주택임대차보호법 제3조 제1항에 의하여 유효한 공시방법을 갖춘 다음 날인 을 명의의 소유권이전등기일 익일부터 임차인으로서 대항력을 갖는다.

10) 선순위 가압류등기와 주택임차인의 선후관계

- **대법원 92다30597**

가. 주택임대차보호법 제3조의 2 제1항은 대항요건(주택인도와 주민등록 전입신고)과 임대차계약증서상의 확정일자를 갖춘 주택임차인은 후순위권리자 기타 일반채권자보다 우선하여 보증금을 변제받을 권리가 있음을 규정하고 있는바, 이는 임대차계약증서에 확정일자를 갖춘 경우에는 부동산 담보권에 유사한 권리를 인정한다는 취지이므로, 부동산 담보권자보다 선순위의 가압류채권자가 있는 경우에 그 담보권자가 선순위의 가압류채권자와 채권액에 비례한 평등배당을 받을 수 있는 것과 마찬가지로 위 규정에 의하여 우선변제권을 갖게 되는 임차보증금채권자도 선순위의 가압류채권자와는 평등배당의 관계에 있게 된다.

나. 가압류채권자가 주택임차인보다 선순위인지 여부는 주택임대차보호법 제3조의 2의 법문상 임차인이 확정일자 부여에 의하여 비로소 우선변제권을 가지는 것으로 규정하고 있음에 비추어, 임대차계약증서상의 확정일자 부여일을 기준으로 삼는 것으로 해석함이 타당하므로, 대항요건을 미리 갖추었다고 하더라도 확정일자를 부여받은 날짜가 가압류일자보다 늦은 경우에는 가압류채권자가 선순위라고 볼 수밖에 없다.

11) 다세대주택 : 지번만 전입신고해도 대항력 발생되는 경우

■ **대법원 99다8322** : 원래 단독주택으로 건축허가를 받아 건축되고, 건축물관리대장에도 구분소유가 불가능한 건물로 등재된 이른바 다가구용 단독주택에 관하여 나중에 집합건물의 소유 및 관리에 관한 법률에 의하여 구분건물로의 구분등기가 경료되었음에도 불구하고, 소관청이 종전에 단독주택으로 등록한 일반건축물관리대장을 그대로 둔 채 집합건축물관리대장을 작성하지 않은 경우에는, 주민등록법시행령 제5조 제5항에 따라 임차인이 위 건물의 일부나 전부를 임차하여 전입신고를 하는 경우 지번만 기재하는 것으로 충분하고, 나아가 그 전유 부분의 표시까지 기재할 의무나 필요가 있다고 할 수 없으며, 임차인이 실제로 위 건물의 어느 부분을 임차하여 거주하고 있는지 여부의 조사는 단독주택의 경우와 마찬가지로 위 건물에 담보권 등을 설정하려는 이해관계인의 책임하에 이루어져야 할 것이므로, 임차인이 위 건물의 지번으로 전입신고를 한 이상 일반사회 통념상 그 주민등록으로 위 건물에 위 임차인이 주소 또는 거소를 가진 자로 등록되어 있는지를 인식할 수 있는 경우에 해당된다 할 것이고, 따라서 임대차의 공시 방법으로 유효하다.

12) 낙찰자에게 대항할 수 있는 임차인이 배당요구하지 않은 경우

■ **대법원 92다12827** : 주택임대차보호법 제3조의 규정에 의하면 임대차는 그 등기가 없는 경우에도 임차인이 주택의 인도와 주민등록 또는 전입신고를 마친 때에는 대항력이 발생하고 이 경우에 임차주택의 양수인은 임대인의 지위를 승계한 것으로 보도록 되어 있는

바, 위 임차주택의 양도에는 강제경매에 의한 경락의 경우도 포함되는 것이므로, 임차인이 당해 경매절차에서 권리신고를 하여 소액보증금의 우선변제를 받는 절차를 취하지 아니하였다고 하여 임차주택의 경락인에게 그 임대차로써 대항할 수 없다거나 임차보증금반환채권을 포기한 것으로 볼 수는 없다.

13) 배당요구하지 않아 배당에서 제외된 임차인의 지위

- **대법원 98다12379**

[1] 민사소송법 제605조 제1항에서 규정하는 배당요구가 필요한 배당요구채권자는 압류의 효력발생 전에 등기한 가압류채권자, 경락으로 인하여 소멸하는 저당권자 및 전세권자로서 압류의 효력발생 전에 등기한 자 등 당연히 배당을 받을 수 있는 채권자의 경우와는 달리, 경락기일까지 배당요구를 한 경우에 한하여 비로소 배당을 받을 수 있고, 적법한 배당요구를 하지 아니한 경우에는 비록 실체법상 우선변제청구권이 있다 하더라도 경락대금으로부터 배당을 받을 수는 없을 것이므로, 이러한 배당요구채권자가 적법한 배당요구를 하지 아니하여 그를 배당에서 제외하는 것으로 배당표가 작성·확정되고 그 확정된 배당표에 따라 배당이 실시되었다면 그가 적법한 배당요구를 한 경우에 배당받을 수 있었던 금액 상당의 금원이 후순위채권자에게 배당되었다고 하여 이를 법률상 원인이 없는 것이라고 할 수 없다.

[2] 주택임대차보호법에 의하여 우선변제청구권이 인정되는 임대차보증금반환채권은 현행법상 배당요구가 필요한 배당요구채권에 해당한다.

14) 대항력 있는 임차인이 보증금 중 일부를 배당받고 계속 점유 사용한 경우

- **대법원 98다15545** : 주택임대차보호법상의 대항력과 우선변제권을 겸유하고 있는 임차인이 배당요구를 하였으나 보증금 전액을 배당받지 못하였다면 임차인은 임차보증금 중 배당받지 못한 금액을 반환받을 때까지 그 부분에 관하여는 임대차관계의 존속을 주장할 수 있으나 그 나머지 보증금 부분에 대하여는 이를 주장할 수 없으므로, 임차인이 그의 배당요구로 임대차계약이 해지되어 종료된 다음에도 계쟁 임대 부분 전부를 사용·수익하고 있어 그로 인한 실질적 이익을 얻고 있다면 그 임대 부분의 적정한 임료 상당액 중 임대차관계가 존속되는 것으로 보는 배당받지 못한 금액에 해당하는 부분을 제외한 나머지 보증금에 해당하는 부분에 대하여는 부당이득을 얻고 있다고 할 것이어서 이를 반환하여야 한다.

15) 대금납부 전 선순위 근저당권이 소멸된 경우(대위변제)

- **대법원 98마1031** : 선순위 근저당권의 존재로 후순위 임차권의 대항력이 소멸하는 것으로 알고 부동산을 낙찰받았으나, 그 이후 선순위 근저당권의 소멸로 인하여 임차권의 대항력이 존속하는 것으로 변경됨으로써 낙찰부동산의 부담이 현저히 증가한 경우에는, 낙찰인으로서는 민사소송법 제639조 제1항의 유추적용에 의하여 낙찰허가결정의 취소신청을 할 수 있다고 보아야 할 것이다.

- **대법원 2002다70075**: 선순위 근저당권의 존재로 후순위 임차권이 소멸하는 것으로 알고 부동산을 낙찰받았으나, 그 후 채무자가 후순위 임차권의 대항력을 존속시킬 목적으로 선순위 근저당권의 피담보채무를 모두 변제하고 그 근저당권을 소멸시키고도 이 점에 대하여 낙찰자에게 아무런 고지도 하지 않아 낙찰자가 대항력 있는 임차권이 존속하게 된다는 사정을 알지 못한 채 대금지급기일에 낙찰대금을 지급하였다면, 채무자는 민법 제578조 제3항의 규정에 의하여 낙찰자가 입게 된 손해를 배상할 책임이 있다.

16) 근저당권 설정 후 증액된 보증금

- **대법원 90다카11377**: 대항력을 갖춘 임차인이 저당권설정등기 이후에 임대인과 보증금을 증액하기로 합의하고 초과부분을 지급한 경우 임차인이 저당권 설정등기 이전에 취득하고 있던 임차권으로 선순위로서 저당권자에게 대항할 수 있음은 물론이나 저당권설정등기 후에 건물주와의 사이에 임차보증금을 증액하기로 한 합의는 건물주가 저당권자를 해치는 법률행위를 할 수 없게 된 결과 그 합의 당사자 사이에서만 효력이 있는 것이고 저당권자에게는 대항할 수 없다고 할 수밖에 없으므로 임차인은 위 저당권에 기하여 건물을 경락받은 소유자의 건물명도 청구에 대하여 증액전 임차보증금을 상환받을 때까지 그 건물을 명도할 수 없다고 주장할 수 있을 뿐이고, 저당권설정등기 이후에 증액한 임차보증금으로써는 소유자에게 대항할 수 없는 것이다.

제3절. 보증금의 회수

1. 우선변제권

1) 의의

우선변제권이라 함은 임차인이 대항요건과 계약서에 확정일자인을 받은 경우에 민사집행법상의 경매·공매 시에 임차주택의 환가대금(대지 포함)에서 후순위권리자 기타 채권자보다 우선하여 변제받을 수 있는 권리를 말한다.

2) 행사요건과 효력발생시기

❶ 대항요건과 확정일자인을 모두 갖추어야 한다.
❷ 대항요건 먼저 갖추고 확정일자 받으면 확정일자를 갖춘 날 발생
❸ 대항요건과 같은 날이나 그 이전에 확정일자를 갖추면 대항요건을 갖춘 다음 날 발생

3) 우선변제권의 내용

❶ 임차인이 확정일자를 받는 데는 임대인의 동의가 필요 없으며 임대차계약서를 공증하였을 때에는 별도의 확정일자인을 받지 않

아도 된다. 다만, 임차인은 임차 주택을 양수인에게 인도하지 않으면 보증금을 수령할 수 없다.
❷ 임차주택이 경매·공매되는 경우 임차인은 경락인에 대하여 보증금의 반환을 받을 때까지 임대차관계의 존속을 주장할 수 있는 권리와 임차주택의 경락가액으로부터 우선변제를 받을 수 있는 권리를 겸유하게 되며, 대항력과 우선변제권의 선택적 행사가 가능하다.
❸ 대지의 저당권설정 이전에 이미 지상건물이 존재한 경우 그 건물의 임차인은 그 저당권 실행에 따른 대지의 환가대금(대지 포함)에서 우선변제를 받을 수 있으며, 또한 대지에 저당권이 설정된 후 신축된 건물의 임차인은 그 저당권실행에 따른 환가금액 중 건물분의 환가대금에 대해서만 우선변제권이 있고 대지에 대해서는 그러하지 아니하다.

4) 확정일자인제도

확정일자란 그 날짜에 임대차 계약서가 존재한다는 사실을 증명하기 위하여 계약서에 공신력 있는 기관에서 확인인을 찍어주는 것을 의미한다.

❶ 확정일자인은 법원, 공증사무소, 동사무소 중에서 선택하여 임차인 또는 그 대리인이 단독으로 신청할 수 있다.
❷ 대항력을 유지하고 확정일자인을 갖춘 임차인은 경·공매 시에 배당요구하면 다른 물권과 그 성립의 순위에 따라 우선변제를 다투게 된다. 이 경우 임차주택의 환가대금(대지 포함)에서 우선변제권 인정된다.

❸ 대항요건을 갖춘 임차인이 확정일자를 받아도 임차권은 물권이 아닌 채권이므로 전세권이나 경매신청권이 당연히 부여되는 것은 아니다. 따라서 임차인은 대항력을 유지하면서 채무명의(집행권원)를 받아 강제경매를 신청할 수 있다.

❹ 임대차계약의 갱신으로 보증금을 인상한 경우 다시 확정일자를 받아야 하며, 또한 인상 금액은 소급하여 적용되지 않는다.

❺ 확정일자를 먼저 받고 후에 전입신고일과 저당권설정일이 같은 경우에는 저당권자가 우선(전입신고의 대항력은 그 다음 날부터) 한다.

❻ 민사소송은 그 절차가 까다롭고 비용이 과다하게 요구되므로 신속한 소송절차로 임차인을 보호하기 위하여 소액사건심판법의 규정을 적용토록 하고 있다.

❼ 확정일자를 받은 계약서는 분실하지 않도록 주의하여야 하며 분실한 경우 임대인 동의하에 임대차계약서를 다시 작성하더라도 소급하여 최초 계약서에 받은 확정일자인과 같은 날짜의 확정일자를 받을 수 없다.

- 대항력과 확정일자 예제

[예 1] 근저당권 ⇨ 전입신고 = 확정일자

일 자	내 용
02월 01일	근저당권
02월 02일	전입신고
02월 02일	확정일자

대항력 발생시기: 2월 3일 오전 0시(낙찰자에게 대항 못함)
확정일자 발생시기: 2월 3일 오전 0시(우선변제 2순위)
근저당권 발생시기: 2월 1일 주간(우선변제 1순위)

[예 2] 확정일자 ⇨ 전입신고

일 자	내 용
02월 01일	확정일자
03월 01일	전입신고

대항력 발생시기: 3월 2일 오전 0시
확정일자 발생시기: 3월 2일 오전 0시

[예 3] 전입신고 ⇨ 확정일자

일 자	내 용
02월 01일	전입신고
03월 01일	확정일자

대항력 발생시기: 2월 2일 오전 0시
확정일자 발생시기: 3월 1일 주간

[예 4] 확정일자 ⇨ 근저당권 ⇨ 전입신고

일 자	내 용
02월 01일	확정일자
02월 02일	근저당권
02월 03일	전입신고

대항력 발생시기: 2월 4일 오전 0시(낙찰자에게 대항 못함)
확정일자 발생시기: 2월 4일 오전 0시(우선변제 2순위)
근저당권 발생시기: 2월 2일 주간(우선변제 1순위)

[예 5] 전입신고 ⇨ 근저당권 ⇨ 확정일자

일 자	내 용
02월 01일	전입신고
02월 02일	근저당권
02월 03일	확정일자

대항력 발생시기: 2월 2일 오전 0시(낙찰자에게 대항할 수 있음)
확정일자 발생시기: 2월 3일 주간(우선변제 2순위)
근저당권 발생시기: 2월 2일 주간(우선변제 1순위)

[예 6] 전입신고 ⇨ 확정일자 = 근저당권

일 자	내 용
02월 01일	전입신고
02월 02일	확정일자
02월 02일	근저당권

대항력 발생시기: 2월 2일 오전 0시(낙찰자에게 대항할 수 있음)
확정일자 발생시기: 2월 2일 주간(우선변제 1순위)
근저당권 발생시기: 2월 2일 주간(우선변제 1순위)

[예 7] 확정일자 ⇨ 전입신고 = 근저당권

일 자	내 용
02월 01일	확정일자
02월 02일	전입신고
02월 02일	근저당권

대항력 발생시기: 2월 3일 오전 0시(낙찰자에게 대항 못함)
확정일자 발생시기: 2월 3일 오전 0시(우선변제 2순위)
근저당권 발생시기: 2월 2일 주간(우선변제 1순위)

2. 최우선변제권(소액보증금의 보호)

1) 의의

임차인은 보증금 중 일정액에 대해서는 다른 어떤 담보물권자보다 우선하여 변제받을 수 있다. 즉, 소액보증금 중 일정액에 대하여 임차인이 경매나 공매 시 임차주택의 환가대금(대지 포함)에서 담보권자 등이나 일반채권자보다 우선하여 변제받을 수 있는 권리를 말한다.

2) 요건

❶ 소액 임차인이 우선변제를 받기 위해서는 임차 주택에 대하여 경매신청등기가 경료되기 전에 입주 및 주민등록 전입신고를 마쳐야 할 것.
❷ 보증금 액수가 소액보증금(주임법시행령 제4조)에 해당할 것.
❸ 배당요구 종기일까지 배당요구를 하였을 것.

❹ 배당요구 종기일까지 대항력을 유지할 것.

3) 범위와 기준

❶ 소액임차인의 해당여부기준은 최선순위담보물권설정일을 기준으로 한다.
❷ 최우선변제 대상 보증금액 주택가액의 2분의 1을 초과하는 경우에는 주택가액의 2분의 1에 해당하는 금액에 한하여 우선변제권이 인정된다.
❸ 임차인이 임차주택을 전대한 경우 임차인이 소액임차인에 해당되어야 전차인도 소액임차인에 해당한다.
❹ 하나의 주택에 임차인이 2인 이상이고, 그 각 보증금 중 일정액의 합계액이 주택가액의 2분의 1을 초과하는 경우에는 그 각 소액보증금의 합계액에 대한 각 임차인의 소액보증금의 비율로 그 가액의 2분의 1에 해당하는 금액을 분할한 금액을 각 임차인의 소액보증금으로 본다. 이들이 그 주택에서 가정 공동생활을 하는 경우에는 이들을 1인의 임차인으로 간주하여 그들의 각 보증금을 합산한다.

■ 최우선변제권(소액임차인)의 범위

근저당등 설정일자	대상지역	보증금 범위	최우선변제금
1984. 1. 1. ~ 1987. 11. 30.	서울특별시, 광역시	300만원 이하	300만원
	기타지역	200만원 이하	200만원
1987. 12. 1. ~ 1990. 2. 18.	서울특별시, 광역시	500만원 이하	500만원
	기타지역	400만원 이하	400만원
1990. 2. 19. ~ 1995. 10. 18.	서울특별시, 광역시	2,000만원 이하	700만원
	기타지역	1,500만원 이하	500만원
1995. 10. 19. ~ 2001. 9. 14.	서울, 광역시(군지역 제외)	3,000만원 이하	1,200만원
	기타지역	2,000만원 이하	800만원
2001. 9. 15. ~ 2008. 8. 20.	서울, 인천, 과밀억제권역	4,000만원 이하	1,600만원
	광역시(인천, 군지역 제외)	3,500만원 이하	1,400만원
	기타(지방, 광역시의군)	3,000만원 이하	1,200만원
2008. 8 21. ~ 2010. 7. 25.	서울, 인천, 과밀억제권역	6,000만원 이하	2,000만원
	광역시(인천, 군지역 제외)	5,000만원 이하	1,700만원
	기타(지방, 광역시의군)	4,000만원 이하	1,400만원
2010. 7. 26. ~ 현재	서울특별시	7,500만원 이하	2,500만원
	인천, 과밀억제권(서울 제외)	6,500만원 이하	2,200만원
	광역시(인천, 군지역 제외) / 안산, 김포, 용인, 광주	5,500만원 이하	1,900만원
	기타(지방, 광역시의군)	4,000만원 이하	1,400만원

4) 최우선변제금 계산예시: 주택 소재지는 서울임

❶ 예 1: 배당금 1억원

일 자	내 용
2008년 02월 01일	A 전입 (4,000만원)
2009년 08월 01일	B 근저당권 (3,000만원)
2009년 09월 01일	C 전입 (5,000만원)

최우선변제금: A-2,000만원, B-2,000만원

❷ 예 2: 배당금 1억원

일 자	내 용
2008년 09월 01일	A 근저당권 (3,000만원)
2009년 08월 01일	B 전입 (4,000만원)
2009년 09월 01일	C 전입 (5,000만원)

최우선변제금: B-2,000만원, C-2,000만원

❸ 예 3: 배당금 1억 5천만원

일 자	내 용
2008년 10월 01일	A 근저당권 (3,000만원)
2009년 08월 01일	B 전입 (4,000만원)
2009년 09월 01일	C 전입 (5,000만원)
2010년 08월 01일	D 근저당권 (5,000만원)

최우선변제금: B-2,500만원, C-2,500만원

❹ 예 4 : 배당금 1억 7천만원

일 자	내 용
2008년 11월 01일	A 근저당권 (3,000만원)
2009년 08월 01일	B 전입 (4,000만원)
2009년 09월 01일	C 전입 (5,000만원)
2010년 08월 01일	D 전입 (5,000만원)
2011년 02월 01일	E 전입 (4,000만원)

최우선변제금 : B-2,000만원, C-2,000만원, D-2,000만원, E-2,000만원

❺ 예 5 : 배당금 8천만원

일 자	내 용
2008년 12월 01일	A 근저당권 (3,000만원)
2009년 08월 01일	B 전입 (4,000만원)
2009년 09월 01일	C 전입 (5,000만원)
2010년 08월 01일	D 전입 (5,000만원)
2011년 02월 01일	E 전입 (4,000만원)

최우선변제금 : B-1,000만원, C-1,000만원, D-1,000만원, E-1,000만원

❻ 예 6 : 배당금 2억 2천만원

일 자	내 용
2010년 09월 01일	A 근저당권 (7,000만원)
2010년 10월 01일	B 전입 (4,000만원)
2011년 09월 01일	C 전입 (5,000만원)
2011년 10월 01일	D 전입 (5,000만원)
2012년 02월 01일	E 전입 (4,000만원)

최우선변제금 : B-2,500만원, C-2,500만원, D-2,500만원, E-2,500만원

3. 임차권등기명령제도

1) 의의

임대차가 종료됨에도 불구하고 보증금을 반환받지 못한 임차인은 단독으로 임차주택의 소재지를 관할하는 지방법원 또는 시·군법원에 임차권등기명령을 신청할 수 있다. 즉, 임차권등기를 가능하게 함으로써 대항력과 우선변제권을 유지하면서 임차인의 주거이전의 기회를 보장하기 위함이다.

2) 절차

❶ 임차인 단독으로 임차주택 소재지 지방법원(지원), 시·군법원에 신청할 수 있다.
❷ 임차권등기명령신청을 기각하는 결정에 대하여 임차인은 항고할 수 있다.
❸ 임차권등기명령의 시행에 관하여 필요한 사항은 대법원규칙으로 정하며, 임차인은 임차권등기명령의 신청 및 그에 따른 임차권등기와 관련하여 소요된 비용을 임대인에게 청구할 수 있다.

3) 효력

❶ 임차권등기명령에 의한 임차권등기가 경료되면 그날부터 임차인은 대항력 및 우선변제권을 취득하며, 이미 대항력과 우선변제권을 지닌 임차인 경우 그 효력을 그대로 유지한다.
❷ 임차권등기 경료 후 대항력을 상실해도(이사) 이미 취득한 대항력

또는 우선변제권은 그대로 유지한다.
❸ 임차권등기가 경료 후 그 주택을 그 이후에 임차한 임차인은 소액보증금에 대하여 최우선변제를 받을 권리가 없다.

제4절. 존속기간의 보장과 차임 등의 증감청구권

1. 존속기간

1) 최단 존속보장

❶ 기간의 정함이 없거나 기간을 2년 미만으로 정한 임대차는 그 기간을 2년으로 본다. 다만, 임차인은 2년 미만의 유효함을 주장할 수 있다(단, 최장기간은 규정이 없으므로 민법의 규정이 준용되어 20년이 된다).

❷ 임대차가 종료해도 임차인이 보증금을 받을 때까지는 임대차관계가 존속하는 것으로 본다.

2) 임대차계약의 해지

❶ 임차물의 매각으로 인한 임대차계약의 해지
임대차계약의 종료 전에 임차물이 매매된 때에 임차인은 임차물의 매각을 이유로 임대차계약을 해지할 수 있다. 그러나 매각을 이유로 임대인의 지위를 승계한 자는 임차인에 대한 계약승계의 의무를 가진다.

❷ 경매에 의한 임차권 소멸
임차권은 임차주택에 대하여 민사집행법에 의한 경매가 행하여진

경우에는 그 임차주택의 경락에 의하여 임차권은 소멸한다. 단, 보증금이 전액 변제되지 아니한 대항력 있는 임차권은 소멸하지 않는다.

2. 계약의 갱신

1) 묵시의 갱신(법정갱신)

❶ 임대인이 임대차기간 만료전 6월부터 1월까지 갱신거절의 통지 등이 없거나 임차인이 기간 만료 1월까지 통지하지 아니한 경우 그 기간이 만료될 때에는 전임대차와 동일조건으로 다시 임대차 한 것으로 본다. 단, 임차인이 2기에 달하는 차임을 연체하거나 임차인의 의무를 현저히 위반한 경우에는 그러하지 아니한다.
❷ 이 경우 임차인은 임대인에 대하여 언제든지 계약해지의 통지를 할 수 있다. 이때의 해지는 임대인이 그 통지를 받은 날로부터 3월이 경과하면 그 효력이 발생한다.

3. 차임 등의 증감청구권

1) 약정한 차임 또는 보증금이 임차주택에 대한 조세, 공과 기타 부담의 증감이나 경제사정의 변동으로 차임 등이 상당하지 아니한 때에는 당사자는 장래에 대하여 그 증감을 청구할 수 있다.
2) 증액의 경우는 약정한 차임의 20분의 1을 초과하지 못하고, 임

대차계약 또는 증액이 있은 후 1년 이내에는 이를 하지 못한다. 단, 감액에는 제한이 없으며, 당사자의 합의로 차임 등이 증액된 경우에는 적용되지 않는다.

3) 월차임 전환시 산정률의 제한

❶ 보증금의 전부 또는 일부를 월 단위의 차임으로 전환하는 경우에는 그 전환되는 금액에 은행법에 의한 금융기관에서 적용하는 대출금리 및 당해 지역의 경제여건 등을 감안하여 대통령령이 정하는 비율을 곱한 월차임의 범위를 초과할 수 없다 (동법 제7조의 2).

❷ 보증금을 월세로 전환하는 경우에 이자율은 최고 연 14% 이내로 제한한다. 이러한 월차임 전환 시 산정률의 제한은 전대인과 전차인의 전대차 관계에도 적용된다.

4. 임차권의 승계

임차인이 상속권자 없이 사망한 경우에 그 주택에서 가정공동생활을 하던 사실상의 혼인관계에 있는 자는 임차인의 권리와 의무를 승계한다. 이는 상속권자 없는 동거가족에게 그의 거주를 보호할 필요성 때문에 주택임대차보호법에서는 민법에 대한 특례를 인정하고 있다.

❶ 임차인이 상속권자 없이 사망한 경우에 가정공동생활을 하던 '사실상의 혼인관계에 있는 자'가 임차인의 권리와 의무를 승계한다(제9조 제1항).

❷ 임차인이 사망한 경우에 상속권자가 그 주택에 가정공동생활을 하고 있지 아니한 때에는 그 주택에서 가정공동생활을 하던 '사실상의 혼인관계에 있는 자와 2촌 이내의 친족'은 공동으로 임차인의 권리와 의무를 승계한다(제9조 제2항).

❸ 주택임차권이 승계되면 임대차관계에 생긴 채권과 채무는 임차인의 권리와 의무를 승계한 자에게 귀속한다. 다만, 이 경우에 임차인이 사망한 후 1월 이내에 임대인에 대하여 반대의사를 표시한 경우에는 그러하지 아니하다(제9조 제3항).

제5장

상가건물임대차 보호법

제1절. 법적 성격과 적용범위

1. 법적 성격

이 법은 상가건물의 임대차에 관하여 민법에 대한 특례를 규정함으로써 경제적 약자인 상가건물의 임차인들을 보호하고 그들의 경제생활의 안정을 도모함을 목적으로 한다.
또한 이 법의 규정에 위반된 약정으로서 임차인에게 불리한 것은 그 효력이 없다.

2. 적용대상

1) 상가건물(사업자등록의 대상이 되는 건물)의 임대차에 대하여 적용된다(동법 제2조).
2) 동법은 목적건물의 등기하지 아니한 전세계약에 관하여 이를 준용한다(법 17조). 이 경우 전세금은 임대차의 보증금으로 본다.
3) 임차목적물의 주된 부분을 영업용으로 사용하는 경우에도 적용된다. 그러나 비영리단체의 임대차(동창회, 친목회 사무실 등)의 경우에는 적용하지 아니한다.

4) 동법은 일시사용을 위한 임대차가 명백한 경우에는 적용하지 아니한다(법 16조).

3. 적용범위

1) 다음의 대통령령이 정하는 보증금액을 초과하는 임대차에 대하여는 적용되지 않는다.
   ① 서울특별시: 3억원 이하
   ② 수도권정비계획법에 의한 수도권 중 과밀억제권역(서울특별시 제외): 2억 5천만원 이하
   ③ 광역시(군지역과 인천광역시 제외): 1억 8천만원 이하
   ④ 그 밖의 지역: 1억 5천만원 이하

2) 보증금액 외에 월차임이 있는 경우에는 월차임에 100을 곱한 금액을 보증금에 합산한다.

■ 상가건물임대차보호법 적용범위

담보물권설정일	지 역	보호법 적용대상
2002. 11. 1. ~ 2008. 8. 20.	서울특별시	2억 4천만원 이하
	과밀억제권역 (서울특별시 제외)	1억 9천만원 이하
	광역시 (군지역 및 인천광역시 제외)	1억 5천만원 이하
	기타지역	1억 4천만원 이하
2008. 8. 21. ~ 2010. 7. 25.	서울특별시	2억 6천만원 이하
	과밀억제권역 (서울특별시 제외)	2억 1천만원 이하
	광역시 (군지역 및 인천광역시 제외)	1억 6천만원 이하
	기타지역	1억 5천만원 이하
2010. 7. 26. ~	서울특별시	3억원 이하
	과밀억제권역 (서울특별시 제외)	2억 5천만원 이하
	광역시 (수도권정비계획법에 따른 과밀억제권역에 포함된 지역과 군지역은 제외한다). 안산시, 용인시, 김포시, 광주시	1억 8천만원 이하
	기타지역	1억 5천만원 이하

제2절. 대항력과 보증금회수

1. 대항력

1) 상가건물의 임대차는 그 등기가 없는 경우에도 임차인이 건물의 인도와 부가가치세법 제5조, 소득세법 제168조 또는 법인세법 111조의 규정에 의한 사업자 등록을 신청한 때에는 그 다음 날부터 제3자에 대하여 효력이 생긴다(동법 제3조 제1항).
2) 대항요건으로는 건물의 인도와 사업자등록을 신청으로 성립하며, 대항요건을 갖춘 그 다음 날부터 제3자에 대하여 효력이 생긴다.
3) 임차인이 대항력을 갖추면 임차건물의 양수인은 임대인의 지위를 승계한 것으로 본다(동법 제3조 제2항).

2. 우선변제권

1) 상가건물임차권의 대항요건(인도+사업자등록신청)을 갖추고 관할 세무서장으로부터 임대차계약서상의 확정일자를 받은 임차인은 민사집행법에 의한 경매 또는 국세징수법에 의한 공매 시 임차건물

(임대인 소유의 대지를 포함)의 환가대금에서 후순위 권리자 그 밖의 채권자보다 우선하여 보증금을 변제받을 권리가 있다(동법 제5조 제2항). 다만 임차인은 임차건물을 양수인에게 인도하지 아니하면 임차보증금을 수령할 수 없다.

2) 우선변제권의 효력발생시기는 대항요건과 확정일자를 모두 갖춘 날을 기준으로 한다.

3. 임차권 등기명령

1) 절차

❶ 임대차가 종료됨에도 불구하고 보증금을 반환받지 못한 임차인은 단독으로 임차 건물의 소재지를 관할하는 지방법원 또는 시·군 법원에 임차권등기명령을 신청할 수 있다(동법 제6조 제1항).

❷ 임차인의 임차권등기명령신청에 대하여 법원에서 기각하는 결정에 대해 임차인은 항고할 수 있다(동법 제6조 제4항).

❸ 임차인은 임차권등기명령의 신청 및 그에 따른 임차권등기와 관련하여 소요된 비용을 임대인에게 청구할 수 있다(동법 제6조 제8항).

2) 효력

❶ 임차권등기명령에 의한 임차권등기가 경료되면 임차인은 대항력 및 우선변제권을 취득하며, 이미 대항력과 우선변제권을 지닌 임차인의 경우 그 효력을 그대로 유지한다.

❷ 임차인이 임차권등기 이전에 미리 대항력 또는 우선변제권을 취득한 경우에는 그 대항력 또는 우선변제권을 그대로 유지하며, 임차권등기 이후 대항력을 상실(퇴거)해도 이미 취득한 대항력 또는 우선변제권은 그대로 유지한다(동법 제6조 제5항).

❸ 임차권등기가 경료 후 그 상가에 임차한 임차인은 소액보증금에 대하여 최우선변제를 받을 권리가 없다(동법 제6조 제6항).

4. 최우선변제권(소액보증금의 보호)

1) 발생

❶ 임차인은 보증금 중 일정액을 다른 담보물권자보다 우선하여 변제받을 권리가 있다. 임차인이 최우선변제를 받으려면 당해 건물에 대한 경매신청의 등기 전에 대항요건을 갖추고 있어야 한다(법 제14조 제1항).

❷ 첫경매기일(매각기일) 전까지 대항력을 유지하고 배당요구를 하여야 한다.

2) 범위와 기준

❶ 우선변제를 받을 임차인 및 보증금 중 일정액의 범위와 기준은 임대건물가액(대지 포함)의 3분의 1의 범위 안에서 당해 지역의 경제여건, 보증금 및 차임 등을 고려하여 대통령령으로 정한다(동법 제14조 제3항).

❷ 최우선변제대상인 임차인의 범위와 최우선변제액은 다음과 같다.

■ 소액임차인과 최우선변제액의 범위

담보물권설정일	지 역	우선변제 적용 환산보증금 범위	우선변제 금액
2002. 11. 1. ~ 2010. 7. 20.	서울특별시	4,000만원 이하	1,350만원 이하
	과밀억제권역 (서울특별시 제외)	3,900만원 이하	1,170만원 이하
	광역시 (군지역 및 인천광역시 제외)	3,000만원 이하	900만원 이하
	기타지역	2,500만원 이하	750만원 이하
2010. 7. 21. ~ 현재	서울특별시	5,000만원 이하	1,500만원 이하
	과밀억제권역 (서울특별시 제외)	4,500만원 이하	1,350만원 이하
	광역시 (수도권정비계획법에 따른 과밀억제권역에 포함된 지역과 군지역은 제외한다.), 안산시, 용인시, 김포시, 광주시	3,000만원 이하	900만원 이하
	기타지역	2,500만원 이하	750만원 이하

제3절. 존속기간의 보장과 차임증감청구권

1. 최소기간의 보장

기간의 정함이 없거나 기간을 1년 미만으로 정한 임대차는 그 기간을 1년으로 본다. 다만, 임차인은 1년 미만으로 정한 기간이 유효함을 주장할 수 있다(동법 제9조 제1항).

2. 임대차의 존속

임대차가 종료한 경우에도 임차인이 보증금을 반환받을 때까지는 임대차관계가 존속하는 것으로 본다(동법 제9조 제2항).

3. 차임 등의 증감청구권

1) 차임 또는 보증금이 임차건물에 대한 조세, 공과금 기타 부담의 증감이나 경제 사정의 변동으로 상당하지 아니한 때에는 당사자는 장래에 대하여 증감을 청구 할 수 있다(동법 제7조). 다만 증액의

경우는 약정한 차임의 100분의 9를 초과하지 못하고, 임대차계약 또는 증액 있은 후 1년 이내에는 이를 하지 못한다(동법 제11조). 이 경우 차임 등의 증감청구는 전대인과 전차인의 전대차관계에도 적용된다(동법 제13조 제1항). 단, 감액에는 제한이 없다.

4. 월차임 전환 시 산정률의 제한

보증금의 전부 또는 일부를 월 단위의 차임으로 전환하는 경우에는 그 전환되는 금액에 은행법에 의한 금융기관에서 적용하는 대출금리 및 당해 지역의 경제여건 등을 감안하여 대통령령이 정하는 비율을 곱한 월차임의 범위를 초과할 수 없다(동법 제13조 제1항). 이 경우 보증금을 월세로 전환하는 때에 이자율은 최고 연 15% 이내로 제한한다. 이러한 월차임 전환 시 산정률의 제한은 전대인과 전차인의 전대차 관계에도 적용된다.

제4절. 임차권의 소멸과 법정갱신

1. 임차권의 소멸

임차권은 목적물에 대하여 경매가 행하여지면 그 임차건물의 경락에 의하여 소멸한다. 다만, 보증금이 전액 변제되지 아니한 대항력이 있는 임차권은 소멸하지 아니한다(동법 제8조).

2. 법정갱신

1) 임대인이 기간만료 전 6월부터 1월까지 임차인에 대하여 갱신거절의 통지 또는 조건의 변경에 대한 통지를 하지 아니한 경우는 그 기간이 만료된 때에 전임대차와 동일한 조건으로 다시 임대차한 것으로 본다. 다만, 임대차의 존속기간은 정함이 없는 것으로 본다.
2) 이 경우 임차인은 언제든지 계약해지의 통고를 할 수 있고, 임대인이 그 통고를 받은 날로부터 3월이 경과하면 그 효력이 생긴다(동법 제10조 제4항). 법정갱신은 전대인과 전차인의 전대차 관계에도 적용된다(동법 제13조 제1항).

제5절. 계약의 갱신

1. 계약갱신요구권

1) 계약갱신요구권은 동법 시행 후 체결되거나 갱신된 임대차부터 적용한다.
2) 임차인의 계약갱신요구권은 최초의 임대차기간을 포함한 전체 임대차기간이 5년을 초과하지 않는 범위 내에서만 행사할 수 있다.
3) 갱신되는 임대차는 전 임대차와 동일한 조건으로 다시 계약한 것으로 본다. 차임과 보증금은 제11조의 규정에 의한 범위 안에서 증감할 수 있다.
4) 임대인은 임차인이 기간 만료 전 6월부터 1월까지 사이에 행하는 계약갱신요구에 대해 정당한 사유 없이 이를 거절하지 못한다. 다만 다음 각 호의 경우에는 임차인의 계약갱신요구권이 인정되지 않는다(동법 제10조 제1항 단서).
   ❶ 임차인이 3기의 차임액에 달하도록 차임을 연체한 사실이 있는 경우
   ❷ 임차인이 거짓 그 밖의 부정한 방법으로 임차한 경우
   ❸ 쌍방합의하에 임대인이 임차인에게 상당한 보상을 제공한 경우
   ❹ 임차인이 임대인의 동의 없이 목적 건물의 전부 또는 일부를

전대한 경우

❺ 임차인이 임차한 건물의 전부 또는 일부를 고의 또는 중대한 과실로 파손한 경우

❻ 임차한 건물의 전부 또는 일부가 멸실되어 임대차의 목적을 달성하지 못할 경우

❼ 임대인이 목적 건물의 전부 또는 대부분을 철거하거나 재건축하기 위해 목적건물의 점유 회복이 필요한 경우

❽ 그 밖에 임차인이 임차인으로서의 의무를 현저히 위반하거나 임대차를 존속하기 어려운 중대한 사유가 있는 경우

제6장

권리분석
실전사례

1. 아파트(2010-14968)

소 재 지	서울 송파구 신천동 20-4 진주 16동 10층 1006호 [도로명주소]				
경매구분	임의(기일)	채 권 자	유성률	낙찰일시	12.10.22
용 도	아파트	채무/소유자	하OO	낙찰가격	856,000,000
감 정 가	1,200,000,000	청 구 액	300,000,000	경매개시일	10.10.20
최 저 가	768,000,000 (64%)	토지총면적	86.32 ㎡ (26.11평)	배당종기일	10.12.31
입찰보증금	10% (76,800,000)	건물총면적	138.84 ㎡ (42평)[47평형]	조 회 수 조회통계	금일1 공고후150 누적466

우편번호및주소/감정서	물건번호/면 적(㎡)	감정가/최저가/과정	임차조사	등기권리
138-240 서울 송파구 신천동 20-4 진주 16동 10층 1006호 ●감정평가서정리 - 몽촌토성역서측인근 - 주위아파트리오,미성,장 미아파트등밀집 - 차량접근가능 - 인근버스(정)및지하철 (몽촌토성역)소재 - 제반교통사정양호 - 열병합발전지역난방 - 부정형등고평탄지 - 남측왕복8차선,동측왕 복6차선,북측왕복4차 선,서측왕복2차선도로 통해접근가능 - 3종일반주거지역 - 일반미관지구,아파트 지구 - 중심지미관지구 - 도로저촉,공원저촉 - 비행안전제2구역(전 술) - 과밀억제권역 - 상대정화구역 - 한강폐기물매립시설설 치제한지역 - 3m건축선지정구역(세 부사항건축과문의) - 1종일반주거지역 2010.11.04 인서감정	물건번호: 단독물건 대지 86.3203/109864.8 (26.11평) (85.75/109139) 건물 138.84 (42평) 방4,욕실겸화장실2 10층-81.11.05보존	감정가 1,200,000,000 · 대지 480,000,000 (40%) (평당 18,383,761) · 건물 720,000,000 (60%) (평당 17,142,857) 최저가 768,000,000 (64.0%) ●경매진행과정 1,200,000,000 ① 유찰 2011-03-28 20%↓ 960,000,000 ② 변경 2011-05-09 960,000,000 ② 유찰 2012-09-03 20%↓ 768,000,000 ③ 낙찰 2012-10-22 856,000,000 (71.3%) - 응찰 : 4명 - 낙찰자:송OO 불허 2012-10-29	●지지옥션세대조사 세 04.06.01 하OO 주민센터확인:2011.03.22	소유권 하OO 2000.09.05 전소유자:박OO 외1 저당권 주택은행 성내동 2000.09.26 260,000,000 저당권 유OO 2008.11.13 450,000,000 임 의 유OO 2010.10.20 *청구액:300,000,000원 등기부채권총액 710,000,000원 열람일자 : 2010.11.25

1) 말소기준이 되는 권리

기준이 되는 권리는 2000년 9월 26일 주택은행의 2억 6,000만 원짜리 저당권이다.

2) 등기부상의 권리분석

등기부상의 권리로서 매수인에게 인수될 권리는 없다.

3) 등기부 외의 권리분석

임대차관계를 살펴보면 채무자(소유자)가 직접 살고 있어 인수될 권리는 없다.

4) 배당순서

종 류	배당자	배당액	비 고
경 매 비 용		4,500,000	
저 당 권	주택은행	260,000,000	말소기준권리
저 당 권	유○○	450,000,000	
소 유 자	하○○	141,500,000	

5) 해설

주인이 직접 살고 있어 명도가 비교적 쉬워 보인다.
매수인이 인수해야 할 권리관계는 아무것도 없이 깨끗하다.

2. 아파트(2011-4629)

소 재 지	서울 노원구 하계동 288 하계2차현대 210동 4층 403호 [도로명주소]				
경 매 구 분	임의(기일)	채 권 자	원광(새)	낙 찰 일 시	12.02.06 (종결:12.04.23)
용 도	아파트	채무/소유자	이OO	낙 찰 가 격	420,000,000
감 정 가	520,000,000	청 구 액	416,271,780	경매개시일	11.03.21
최 저 가	416,000,000 (80%)	토지총면적	38.76 ㎡ (11.72평)	배당종기일	11.06.16
입찰보증금	10% (41,600,000)	건물총면적	84.51 ㎡ (25.56평)[33평형]	조 회 수	금일1 공고후106 누적223
주 의 사 항	· 채무자(소유자)점유				

우편번호및주소/감정서	물건번호/면 적(㎡)	감정가/최저가/과정	임차조사	등기권리
139-230 서울 노원구 하계동 288 하계2차현대 210동 4층 403호 ●감정평가서정리 - 불암중학교서측인근 - 부근대단위아파트단지 형성된주거지대,인근 다양한근린시설및편의 시설등소재 - 차량진출입가능 - 인근버스(정)및근거리 전철7호선중계역소재 - 대중교통사정무난 - 부정형등고평탄지 - 서측노원길등3면이도 로접함 - 단지내도로개설,단지 내도로통해외부도로접 근가능 - 지역난방 - 3종일반주거지역 - 지구단위계획구역 (자세한사항별도확인: 도시관리과) 2011.03.28 안국감정	물건번호: 단독물건 대지 38.764/28506.4 (11.73평) 건물 84.51 (25.56평) 방3,욕실겸화장실2 공용:23.254(지하주 차장제외) 15층-97.09.05보존	감정가 520,000,000 · 대지 322,400,000 (62%) (평당 27,508,532) · 건물 197,600,000 (38%) (평당 7,730,829) 최저가 416,000,000 (80.0%) ●경매진행과정 520,000,000 ① 유찰 2011-10-31 20%↓ 416,000,000 ② 변경 2011-11-28 416,000,000 ② 낙찰 2012-02-06 420,000,000 (80.8%) - 응찰 : 1명 - 낙찰자:박OO 허가 2012-02-13 납부 2012-03-20 종결 2012-04-23	●법원임차조사 *소유자점유 ●지지옥션세대조사 03.11.07 김OO 주민센터확인:2011.10.20	소유권 이OO 2003.11.07 전소유자:오OO 저당권 원광(새) 2009.06.09 509,600,000 임 의 원광(새) 2011.03.21 *청구액:416,271,780원 등기부채권총액 509,600,000원 열람일자 : 2011.10.13

1) 말소기준이 되는 권리

기준이 되는 권리는 2009년 6월 9일 원광(새)의 5억 960만원짜리 저당권이다.

2) 등기부상의 권리분석

등기부상의 권리로서 매수인에게 인수될 권리는 없다.

3) 등기부 외의 권리분석

임대차관계를 살펴보면 채무자(소유자)가 직접 살고 있어 인수될 권리는 없다.

4) 배당순서

종 류	배당자	배당액	비 고
경 매 비 용		4,600,000	
저 당 권	원광(새)	415,400,000	말소기준권리

5) 해설

주인이 직접 살고 있어 명도가 비교적 쉬워 보인다.

매수인이 인수해야 할 권리관계는 아무것도 없이 깨끗하다.

3. 아파트(2011-18307)

소 재 지	서울 노원구 월계동 322-1 성원 406동 5층 504호 [도로명주소]					
경매구분	임의(기일)	채 권 자	HK저축은행	낙 찰 일 시	12.05.14 (종결:12.07.30)
용 도	아파트	채무/소유자	최 OO	낙 찰 가 격	191,000,000
감 정 가	220,000,000	청 구 액	224,471,073	경매개시일	11.10.12
최 저 가	140,800,000 (64%)	토지총면적	30.54 m² (9.24평)	배당종기일	12.01.02
입찰보증금	10% (14,080,000)	건물총면적	49.92 m² (15.1평)[22평형]	조 회 수 조회통계	금일1 공고후246 누적434
주 의 사 항	· 채무자(소유자)점유				

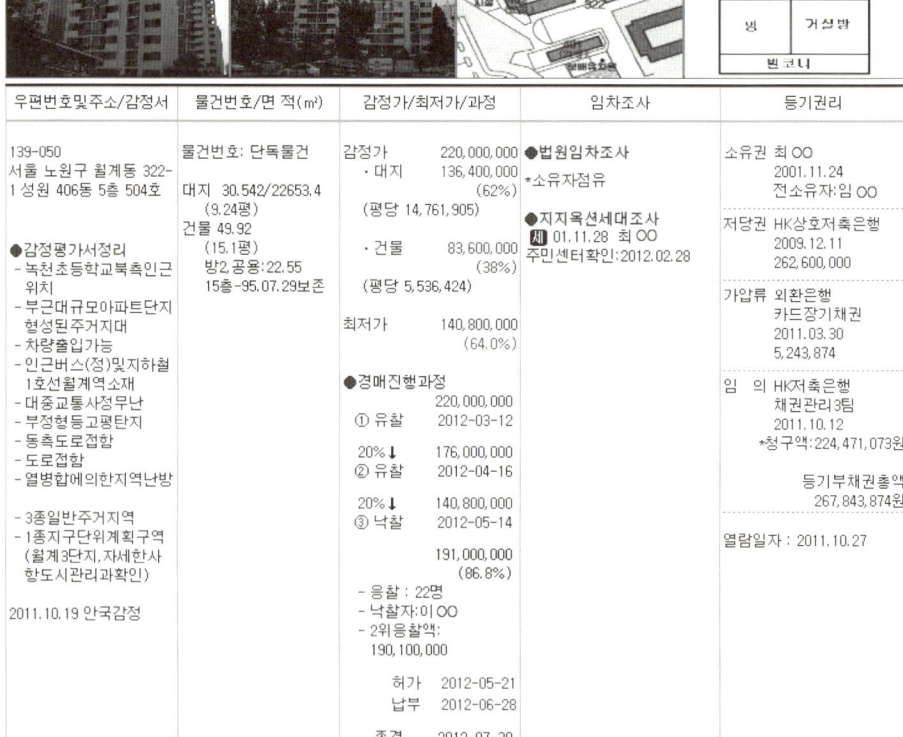

우편번호및주소/감정서	물건번호/면 적(m²)	감정가/최저가/과정	임차조사	등기권리
139-050 서울 노원구 월계동 322-1 성원 406동 5층 504호 ●감정평가서정리 - 녹천초등학교북측인근위치 - 부근대규모아파트단지형성된주거지대 - 차량출입가능 - 인근버스(정)및지하철 1호선월계역소재 - 대중교통사정무난 - 부정형등고평탄지 - 동측도로접함 - 도로접함 - 열병합에의한지역난방 - 3종일반주거지역 - 1종지구단위계획구역 (월계3단지, 자세한사항도시관리과확인) 2011.10.19 안국감정	물건번호: 단독물건 대지 30.542/22653.4 (9.24평) 건물 49.92 (15.1평) 방2,공용:22.55 15층-95.07.29보존	감정가 220,000,000 · 대지 136,400,000 (62%) (평당 14,761,905) · 건물 83,600,000 (38%) (평당 5,536,424) 최저가 140,800,000 (64.0%) ●경매진행과정 220,000,000 ① 유찰 2012-03-12 20%↓ 176,000,000 ② 유찰 2012-04-16 20%↓ 140,800,000 ③ 낙찰 2012-05-14 191,000,000 (86.8%) - 응찰 : 22명 - 낙찰자:이 OO - 2위응찰액: 190,100,000 허 가 2012-05-21 납 부 2012-06-28 종 결 2012-07-30	●법원임차조사 *소유자점유 ●지지옥션세대조사 세 01.11.28 최 OO 주민센터확인:2012.02.28	소유권 최 OO 2001.11.24 전소유자:임 OO 저당권 HK상호저축은행 2009.12.11 262,600,000 가압류 외환은행 카드장기채권 2011.03.30 5,243,874 임 의 HK저축은행 채권관리3팀 2011.10.12 *청구액:224,471,073원 등기부채권총액 267,843,874원 열람일자 : 2011.10.27

1) 말소기준이 되는 권리

기준이 되는 권리는 2009년 12월 11일 HK상호저축은행의 2억 6,260만원짜리 저당권이다.

2) 등기부상의 권리분석

등기부상의 권리로서 매수인에게 인수될 권리는 없다.

3) 등기부 외의 권리분석

임대차관계를 살펴보면 채무자(소유자)가 직접 살고 있어 인수될 권리는 없다.

4) 배당순서

종 류	배당자	배당액	비 고
경 매 비 용		3,200,000	
저 당 권	HK상호저축은행	187,800,000	말소기준권리

5) 해설

주인이 직접 살고 있어 명도가 비교적 쉬워 보인다.

매수인이 인수해야 할 권리관계는 아무것도 없이 깨끗하다.

4. 아파트(2012-15633)

소 재 지	서울 동대문구 전농동 6,-1 전농우성 8동 1층 106호 [사가정로 190]				
경매구분	임의(기일)	채 권 자	안양농협	낙 찰 일 시	13.01.28 (종결:13.03.19)
용 도	아파트	채무/소유자	신 OO	낙 찰 가 격	193,888,880
감 정 가	230,000,000	청 구 액	190,272,947	경매개시일	12.07.05
최 저 가	147,200,000 (64%)	토지총면적	32.58 m² (9.86평)	배당종기일	12.09.14
입찰보증금	10% (14,720,000)	건물총면적	59.78 m² (18.08평)[24평형]	조 회 수 조회통계	금일1 공고후105 누적298

우편번호및주소/감정서	물건번호/면 적(m²)	감정가/최저가/과정	임차조사	등기권리
130-020 서울 동대문구 전농동 6,-1 전농우성 8동 1층 106호 [사가정로 190] ●감정평가서정리 - 전동초등교남동측인근 - 인근아파트단지,학교, 공공시설및각종근린시설등혼재 - 제반차량접근용이 - 버스(정)인근소재 - 대중교통사정보통 - 부정형토지 - 단지내외도로개설,용이하게연계되어있음 - 도로접함 - 6번지:비오톱1등급 - 개별난방 - 도시지역 - 2종일반주거지역 (6-1번지) - 3종일반주거지역 (6번지) - 일반미관지구 - 가축사육제한구역 - 대공방어협조구역 (위탁고도:77-257m) - 과밀억제권역 - 학교환경위생정화구역 (학교환경위생정화구역에대한최종확인은관할교육청에반드시확인이필요한사항임) 2012.07.17 다원감정	물건번호: 단독물건 대지 32.583/55283.9 (9.86평) 건물 59.78 (18.08평) (24평형) 방2 12층-92.12.05보존 15개동1234세대	감정가 230,000,000 ·대지 172,500,000 (75%) (평당 17,494,929) ·건물 57,500,000 (25%) (평당 3,180,310) 최저가 147,200,000 (64.0%) ●경매진행과정 230,000,000 ① 유찰 2012-10-29 20%↓ 184,000,000 ② 유찰 2012-11-26 20%↓ 147,200,000 ③ 낙찰 2013-01-28 193,888,880 (84.3%) - 응찰: 18명 - 낙찰자: 유 OO - 2위응찰액: 186,700,000 허가 2013-02-04 납부 2013-03-12 종결 2013-03-19	●법원임차조사 *소유자점유 ●지지옥션세대조사 세 06.05.02 신 OO 최 04.08.11 신 OO 주민센터확인:2012.10.17	소유권 신 OO 2004.08.13 전소유자:전 OO 근저당 안양농협 석수 2010.05.31 201,600,000 임 의 안양농협 2012.07.05 *청구액:190,272,947원 등기부채권총액 201,600,000원 열람일자: 2012.07.27

1) 말소기준이 되는 권리

기준이 되는 권리는 2010년 05월 31일 안양농협의 2억 160만원짜리 근저당권이다.

2) 등기부상의 권리분석

등기부상의 권리로서 매수인에게 인수될 권리는 없다.

3) 등기부 외의 권리분석

임대차관계를 살펴보면 채무자(소유자)가 직접 살고 있어 인수될 권리는 없다.

4) 배당순서

종 류	배당자	배당액	비 고
경 매 비 용		3,000,000	
근 저 당 권	안양농협	190,888,880	말소기준권리

5) 해설

주인이 직접 살고 있어 명도가 비교적 쉬워 보인다.
매수인이 인수해야 할 권리관계는 아무것도 없이 깨끗하다.

5. 다세대주택(2011-19277)

소 재 지	서울 양천구 신월동 58-18 세진아트빌 4층 402호 도로명주소				
경매구분	임의(기일)	채 권 자	여의도동(새)	낙 찰 일 시	12.09.19 (종결:12.11.07)
용 도	다세대	채무/소유자	이OO	낙 찰 가 격	94,777,000
감 정 가	120,000,000	청 구 액	90,000,000	경매개시일	11.09.02
최 저 가	76,800,000 (64%)	토지총면적	20.22 m² (6.12평)	배당종기일	11.11.30
입찰보증금	10% (7,680,000)	건물총면적	28.64 m² (8.66평)	조 회 수 조회통계	금일1 공고후109 누적266

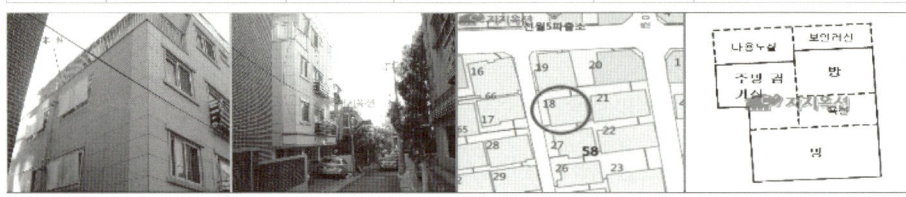

우편번호및주소/감정서	물건번호/면 적(m²)	감정가/최저가/과정	임차조사	등기권리

158-090
서울 양천구 신월동 58-18 세진아트빌 4층 402호
 	
●감정평가서정리
- 철콘조평슬래브지붕
- 신월중교남측인근
- 부근중소규모공동주택(연립및다세대주택 등),단독주택및소규모 점포등혼재
- 차량진출입가능
- 인근노선버스(정)도로 이용가능
- 제반교통사정보통
- 정방형토지
- 서측3-4m도로이용중
- 집합건축물대장(전유 부)상에 주택과-25437 (2010.12.14)호에의거 위반건축물표시[판넬/판넬 7m²(주거)무단증축]라고표기되어있음
- 도시가스개별난방
 	
- 대공방어협조구역 (위탁고도77-257m)
- 과밀억제권역
- 학교환경위생정화구역 (강서교육청예반드시 확인요망)
- 수평표면구역
- 도시지역
- 2종일반주거지역 (7층이하)
- 가축사육제한구역
 	
2011.09.07 원감정
	물건번호: 단독물건
	
	대지 20.22/157.6 (6.12평)
	건물 28.64 (8.66평)
	방2,공용:4.92
	4층-10.12.06보존
		감정가 120,000,000
		・대지 32,400,000 (27%)
		(평당 5,294,118)
		
		・건물 87,600,000 (73%)
		(평당 10,115,473)
		
		최저가 76,800,000 (64.0%)
		
		●경매진행과정
		         120,000,000
		① 유찰 2012-07-11
		20%↓ 96,000,000
		② 유찰 2012-08-16
		20%↓ 76,800,000
		③ 낙찰 2012-09-19
		         94,777,000 (79%)
		- 응찰 : 12명
		- 낙찰자:이OO
		- 2위응찰액: 86,611,100
		
		허가 2012-09-26
		납부 2012-10-31
		종결 2012-11-07
			●법원임차조사
			한OO 전입 2011.04.21
			     확정 2011.09.06
			     배당 2011.09.16
			     (보) 50,000,000
			     주거/전부
			     점유기간
			     2011.4.22-2013.4.22
			
			●지지옥션세대조사
			세 11.04.21 한OO
			주민센터확인:2012.06.28
				소유권 이OO
				     2011.03.21
				     전소유자:허OO
				
				근저당 여의도동(새)
				     2011.03.21
				     117,000,000
				
				임 의 여의도동(새)
				     2011.09.05
				     *청구액:90,000,000원
				
				압 류 서울특별시양천구
				     2011.12.06
				
				압 류 중부세무서
				     2012.01.11
				
				등기부채권총액
				     117,000,000원
				
				열람일자 : 2012.06.25

1) 말소기준이 되는 권리

기준이 되는 권리는 2011년 3월 21일 여의도동(새)의 1억 1,700만원짜리 근저당권이다.

2) 등기부상의 권리분석

등기부상의 권리로서 매수인에게 인수될 권리는 없다.

3) 등기부 외의 권리분석

임차인은 말소기준권리보다 전입날짜가 늦어 매수인에게 대항력이 없다.

4) 배당순서

종 류	배당자	배당액	비 고
경 매 비 용		2,100,000	
임 차 인	한○○	25,000,000	소액보증금
근 저 당 권	여의도동(새)	67,677,000	말소기준권리

5) 해설

세입자가 소액보증금은 받아가기 때문에 명도에 별 어려움은 없어 보인다.
매수인이 인수해야 할 권리관계는 아무것도 없이 깨끗하다.

6. 다세대주택(2011-10075)

소 재 지	서울 강북구 수유동 291-68 풍산쉐르빌 A동 3층 302호 [도로명주소]				
경매구분	임의(기일)	채 권 자	신림서부(새)	낙찰일시	12.03.12 (종결:12.05.14)
용 도	다세대	채무/소유자	박OO	낙찰가격	165,050,000
감 정 가	250,000,000	청 구 액	208,000,000	경매개시일	11.06.14
최 저 가	128,000,000 (51%)	토지총면적	30.23 m² (9.14평)	배당종기일	11.09.05
입찰보증금	10% (12,800,000)	건물총면적	53.57 m² (16.2평)	조 회 수 조회통계	금일1 공고후256 누적478

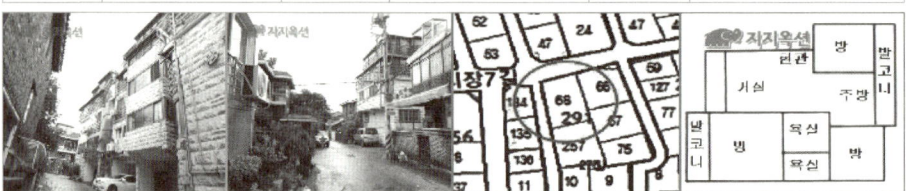

우편번호및주소/감정서	물건번호/면 적(m²)	감정가/최저가/과정	임차조사	등기권리
142-070 서울 강북구 수유동 291-68 풍산쉐르빌 A동 3층 302호 ●감정평가서정리 - 철콘조평슬래브지붕 - 인수중학교북측인근 - 주위다세대주택및단독주택과상업시설등혼재 - 제반차량진입가능,교통상황보통 - 인근버스(정)위치 - 사다리형등고평탄지 - 북측4-6m,서측3m도로 각접함 - 소로3류(폭8m미만)접함 - 도시가스난방 - 2종일반주거지역 (7층이하) - 최고고도지구 (5층20m이하-완화시7층28m) - 대공방어협조구역 (위탁고도77-257m) - 과밀억제권역 - 상대정화구역 2011.06.30 갑림감정	물건번호: 단독물건 대지 30.23/222 (9.14평) 건물 53.57 (16.2평) 방3,욕실2,발코니3 4층-01.09.28보존 7세대	감정가 250,000,000 · 대지 100,000,000 (40%) (평당 10,940,919) · 건물 150,000,000 (60%) (평당 9,259,259) 최저가 128,000,000 (51.2%) ●경매진행과정 250,000,000 ① 유찰 2011-11-28 20%↓ 200,000,000 ② 유찰 2011-12-27 20%↓ 160,000,000 ③ 유찰 2012-02-06 20%↓ 128,000,000 ④ 낙찰 2012-03-12 165,050,000 (66%) - 응찰: 16명 - 낙찰자:최OO - 2위응찰액: 160,190,000 허가 2012-03-19 납부 2012-04-20 종결 2012-05-14	●법원임차조사 김OO 전입 2010.07.12 확정 2010.07.12 배당 2011.07.25 (보) 25,000,000 (월) 350,000 주거/전부 점유기간 2010.7.10-2012.7.10 ●지지옥션세대조사 10.07.12 김OO 주민센터확인:2011.11.15	소유권 박OO 2010.06.08 전소유자:임OO 저당권 신림서부(새) 2010.06.08 208,000,000 저당권 서울시송파구시설관리공단 2011.01.20 105,312,970 압 류 서울시강북구 2011.02.21 임 의 신림서부(새) 2011.06.14 *청구액:208,000,000원 등기부채권총액 313,312,970원 열람일자 : 2011.07.13

1) 말소기준이 되는 권리

기준이 되는 권리는 2010년 6월 8일 신림서부(새)의 2억 800만원 짜리 저당권이다.

2) 등기부상의 권리분석

등기부상의 권리로서 매수인에게 인수될 권리는 없다.

3) 등기부 외의 권리분석

임차인은 말소기준권리보다 전입날짜가 늦어 매수인에게 대항력이 없다.

4) 배당순서

종 류	배당자	배당액	비 고
경 매 비 용		3,100,000	
임 차 인	김○○	20,000,000	소액보증금
저 당 권	신림서부(새)	141,950,000	말소기준권리

5) 해설

세입자가 소액보증금은 받아가기 때문에 명도에 별 어려움은 없어 보인다.
매수인이 인수해야 할 권리관계는 아무것도 없이 깨끗하다.

7. 다세대주택(2011-19713)

소 재 지	서울 노원구 상계동 1049-48 풀내음파크빌 B동 2층 202호				
경매구분	임의(기일)	채 권 자	냉동냉장수협	낙찰일시	12.04.10 (종결:12.06.19)
용 도	다세대	채무/소유자	이OO	낙찰가격	181,445,500
감 정 가	220,000,000	청 구 액	147,726,602	경매개시일	11.10.28
최 저 가	176,000,000 (80%)	토지총면적	46.56 m² (14.08평)	배당종기일	12.01.16
입찰보증금	10% (17,600,000)	건물총면적	78.33 m² (23.69평)	조 회 수	금일1 공고후154 누적226

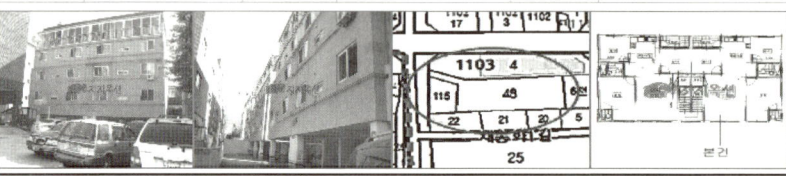

우편번호및주소/감정서	물건번호/면 적(m²)	감정가/최저가/과정	임차조사	등기권리
139-200 서울 노원구 상계동 1049-48 풀내음파크빌 B동 2층 202호 ●감정평가서정리 - 철콘구조슬근콘크리트지붕 - 노일초등교북서측인근및전철7호선수락산역남서측근거리소재 - 인근다세대주택,근린생활시설,노일초등교등학교소재 - 제반차량출입가능 - 인근버스(정),근거리전철7호선수락산역소재 - 대중교통편보통 - 장방형토지(일부연장부지) - 북서측약3m도로및주차장부지연장부지통해약10m도로접함 - 도로 - 도시가스개별난방 - 도시지역 - 2종일반주거지역 - 가축사육제한구역 - 대공방어협조구역 - 과밀억제권역 - 학교환경위생정화구역 - 한강폐기물매립시설설치제한지역 2011.11.03 KI감정	물건번호: 단독물건 대지 46.56/709 (14.08평) 건물 78.33 (23.69평) 방3,화장실2 공용부분:7.34 5층-08.11.21보존 옥탑층일부정원수식재 8세대 계단식	감정가 220,000,000 · 대지 90,000,000 (40.91%) (평당 6,392,045) · 건물 130,000,000 (59.09%) (평당 5,487,547) 최저가 176,000,000 (80.0%) ●경매진행과정 220,000,000 ① 유찰 2012-03-06 20%↓ 176,000,000 ② 낙찰 2012-04-10 181,445,500 (82.5%) - 응찰: 3명 - 낙찰자:김OO - 2위응찰액: 179,600,000 허가 2012-04-17 납부 2012-05-23 종결 2012-06-19	●법원임차조사 *본 건 현황조사에 의하여 현장 방문하였으나, 폐문부재로 소유자 및 점유자들을 만나지 못하여 안내문을 투입하였으나 아무 연락이 없어 점유자 확인 불능임. 전입세대주 이OO (소유자)를 발견함. ●지지옥션세대조사 전 09.09.29 이OO 주민센터확인:2012.02.22	저당권 냉동냉장수협 수유시장 2008.09.30 182,000,000 소유권 이OO 2009.09.30 전소유자:서OO, 양OO 외1 저당권 서OO 2009.10.06 15,000,000 가압류 최OO 2010.08.19 15,509,664 가압류 신한카드 노원채권 2010.08.27 8,321,879 가압류 삼성카드 강북콜렉션 2010.09.09 3,159,465 가압류 국민은행 여신관리집중 2011.02.10 3,708,969 가압류 장OO 2011.04.07 12,000,000 가압류 최OO 2011.09.21 28,000,000 가압류 롯데카드 노원 2011.10.19 7,311,154 임 의 냉동냉장수협 2011.10.28 *청구액:147,726,602원 등기부채권총액 275,011,131원 열람일자 : 2011.11.16

1) 말소기준이 되는 권리

기준이 되는 권리는 2008년 9월 30일 냉동냉장수협의 1억 8,200만원짜리 저당권이다.

2) 등기부상의 권리분석

등기부상의 권리로서 매수인에게 인수될 권리는 없다.

3) 등기부 외의 권리분석

임대차관계를 살펴보면 채무자(소유자)가 직접 살고 있어 인수될 권리는 없다.

4) 배당순서

종 류	배당자	배당액	비 고
경 매 비 용		2,800,000	
저 당 권	냉동냉장수협	178,645,500	말소기준권리

5) 해설

주인이 직접 살고 있어 명도가 비교적 쉬워 보인다.
매수인이 인수해야 할 권리관계는 아무것도 없이 깨끗하다.

8. 다세대주택(2012-10895)

소 재 지	서울 강서구 화곡동 967-3 하이트맨션 지층 B01호 [도로명주소]				
경매구분	임의(기일)	채 권 자	국민은행	낙 찰 일 시	13.01.03 (종결:13.03.27)
용 도	다세대	채무/소유자	정○○	낙 찰 가 격	85,600,000
감 정 가	150,000,000	청 구 액	80,745,316	경매개시일	12.04.25
최 저 가	76,800,000 (51%)	토지총면적	33.52 m² (10.14평)	배당종기일	12.07.09
입찰보증금	10% (7,680,000)	건물총면적	58.71 m² (17.76평)	조 회 수	금일1 공고후69 누적161

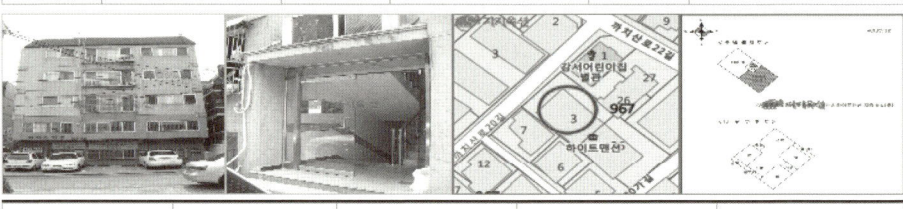

우편번호및주소/감정서	물건번호/면적(m²)	감정가/최저가/과정	임차조사	등기권리
157-010 서울 강서구 화곡동 967-3 하이트맨션 지층 B01호 ●감정평가서정리 - 철콘조평슬래브지붕 - 그리스도대학교서측인근 - 주변다세대및다가구,단독주택,근린시설혼재한주거지대 - 차량출입가능 - 버스(정)인근소재 - 대중교통사정보통 - 난방설비 - 세장형토지 - 북서측6m도로접함 - 도시지역 - 2종일반주거지역 (7층이하) - 공항시설보호지구 - 최고고도지구 (수평표면:해발57.86m 미만) - 가축사육제한구역 (지역경제과열요망) - 대공방어협조구역 (위탁고도:77-257m) - 과밀억제권역 - 학교환경위생정화구역 (강서교육청예반드시 확인요망) - 수평표면구역 2012.05.04 선감정	물건번호: 단독물건 대지 33.52/329.4 (10.14평) 건물 58.71 (17.76평) 방3 4층-02.01.31보존	감정가 150,000,000 • 대지 45,000,000 (30%) (평당 4,437,870) • 건물 105,000,000 (70%) (평당 5,912,162) 최저가 76,800,000 (51.2%) ●경매진행과정 150,000,000 ① 유찰 2012-09-12 20%↓ 120,000,000 ② 유찰 2012-10-23 20%↓ 96,000,000 ③ 유찰 2012-11-27 20%↓ 76,800,000 ④ 낙찰 2013-01-03 85,600,000 (57.1%) - 응찰 : 2명 - 낙찰자:안○○ - 2위응찰액: 76,800,000 허가 2013-01-10 납부 2013-02-15 종결 2013-03-27	●법원임차조사 *소유자점유 ●지지옥션세대조사 [세] 02.02.04 정○○ 주민센터확인:2012.09.17	소유권 정○○ 2002.02.25 전소유자: ○○건설 근저당 국민은행 화곡본동 2002.02.25 84,000,000 압 류 강서세무서 2010.12.02 압 류 서울강서구 2011.06.27 가압류 신○○ 2011.11.09 6,162,680 임 의 국민은행 여신관리집중 2012.04.25 *청구액:80,745,316원 등기부채권총액 90,162,680 원 열람일자 : 2012.05.09

1) 말소기준이 되는 권리

기준이 되는 권리는 2002년 2월 25일 국민은행의 8,400만원짜리 근저당권이다.

2) 등기부상의 권리분석

등기부상의 권리로서 매수인에게 인수될 권리는 없다.

3) 등기부 외의 권리분석

임대차관계를 살펴보면 채무자(소유자)가 직접 살고 있어 인수될 권리는 없다.

4) 배당순서

종 류	배당자	배당액	비 고
경 매 비 용		2,000,000	
근 저 당 권	국민은행	83,600,000	말소기준권리

5) 해설

주인이 직접 살고 있어 명도가 비교적 쉬워 보인다.
매수인이 인수해야 할 권리관계는 아무것도 없이 깨끗하다.

9. 연립주택(2012-6223)

소 재 지	서울 금천구 시흥동 1005 중앙시흥하이츠빌라 9동 3층 303호 [도로명주소]				
경매구분	임의(기일)	채 권 자	묵동화랑(새)	낙찰일시	12.09.26 (종결:12.12.06)
용 도	연립	채무/소유자	구OO	낙찰가격	168,110,000
감 정 가	220,000,000	청 구 액	156,212,870	경매개시일	12.03.08
최 저 가	140,800,000 (64%)	토지총면적	74.95 m² (22.67평)	배당종기일	12.05.11
입찰보증금	10% (14,080,000)	건물총면적	49.84 m² (15.08평)	조회수 조회통계	금일1 공고후69 누적146

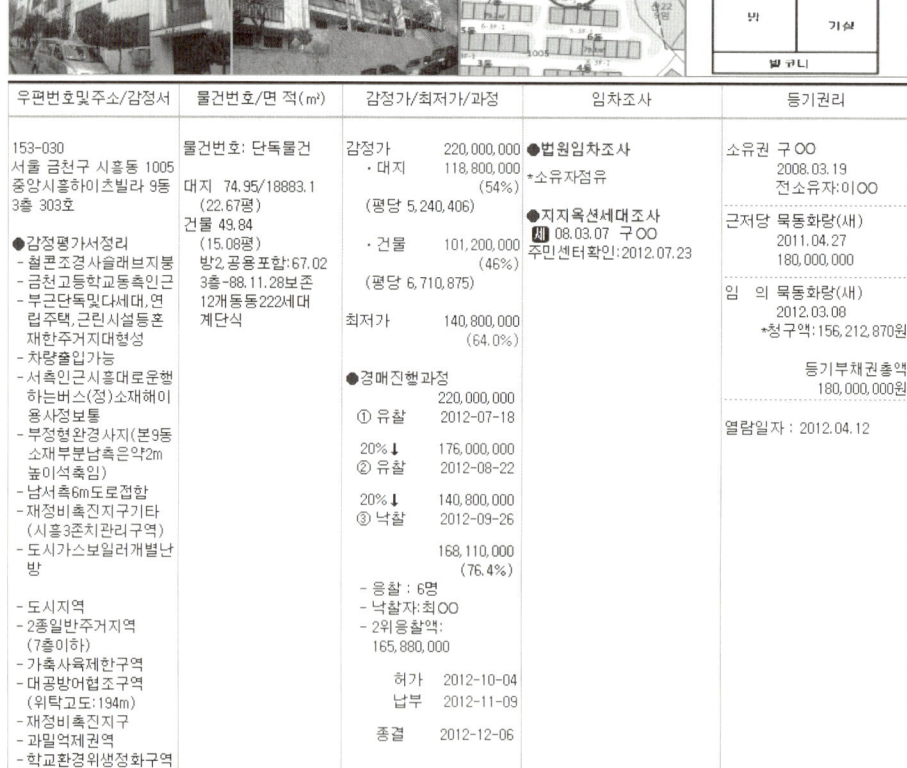

우편번호및주소/감정서	물건번호/면적(m²)	감정가/최저가/과정	임차조사	등기권리
153-030 서울 금천구 시흥동 1005 중앙시흥하이츠빌라 9동 3층 303호 ●감정평가서정리 - 철콘조경사슬래브지붕 - 금천고등학교동측인근 - 부근단독및다세대,연립주택,근린시설등혼재한주거지대형성 - 차량출입가능 - 서측인근시흥대로운행하는버스(정)소재해이용사정보통 - 부정형완경사지(본9동소재부분남측은약2m높이석축임) - 남서측6m도로접함 - 재정비촉진지구기타 (시흥3존치관리구역) - 도시가스보일러개별난방 - 도시지역 - 2종일반주거지역 (7층이하) - 가축사육제한구역 - 대공방어협조구역 (위탁고도:194m) - 재정비촉진지구 - 과밀억제권역 - 학교환경위생정화구역 (남부교육청에반드시 확인요망) - 장애물제한표면구역 (진입표면구역) 2012.03.20 구정감정	물건번호: 단독물건 대지 74.95/18883.1 (22.67평) 건물 49.84 (15.08평) 방2,공용포함:67.02 3층-88.11.28보존 12개동222세대 계단식	감정가 220,000,000 · 대지 118,800,000 (54%) (평당 5,240,406) · 건물 101,200,000 (46%) (평당 6,710,875) 최저가 140,800,000 (64.0%) ●경매진행과정 220,000,000 ① 유찰 2012-07-18 20%↓ 176,000,000 ② 유찰 2012-08-22 20%↓ 140,800,000 ③ 낙찰 2012-09-26 168,110,000 (76.4%) - 응찰 : 6명 - 낙찰자:최OO - 2위응찰액: 165,880,000 허가 2012-10-04 납부 2012-11-09 종결 2012-12-06	●법원임차조사 *소유자점유 ●지지옥션세대조사 [세] 08.03.07 구OO 주민센터확인:2012.07.23	소유권 구OO 2008.03.19 전소유자:이OO 근저당 묵동화랑(새) 2011.04.27 180,000,000 임 의 묵동화랑(새) 2012.03.08 *청구액:156,212,870원 등기부채권총액 180,000,000원 열람일자 : 2012.04.12

1) 말소기준이 되는 권리

기준이 되는 권리는 2011년 4월 27일 묵동화랑(새)의 1억 8,000만원짜리 근저당권이다.

2) 등기부상의 권리분석

등기부상의 권리로서 매수인에게 인수될 권리는 없다.

3) 등기부 외의 권리분석

임대차관계를 살펴보면 소유자(채무자)가 직접 살고 있어 인수될 권리는 없다.

4) 배당순서

종 류	배당자	배당액	비 고
경 매 비 용		2,700,000	
근 저 당 권	묵동화랑(새)	165,410,000	말소기준권리

5) 해설

주인이 직접 살고 있어 명도가 비교적 쉬워 보인다.
매수인이 인수해야 할 권리관계는 아무것도 없이 깨끗하다.

10. 연립주택(2011-6695)

소 재 지	서울 서초구 양재동 211-1 현대빌라 1층 101호 [도로명주소]				
경매구분	강제(기일)	채 권 자	이혜정	낙 찰 일 시	12.10.04 (종결:12.11.22)
용 도	연립	채무/소유자	유OO	낙 찰 가 격	270,150,000
감 정 가	335,000,000	청 구 액	186,875,342	경매개시일	11.03.11
최 저 가	268,000,000 (80%)	토지총면적	39.84 m² (12.05평)	배당종기일	11.06.13
입찰보증금	10% (26,800,000)	건물총면적	80.33 m² (24.3평)	조 회 수	금일1 공고후136 누적430

우편번호및주소/감정서	물건번호/면 적(m²)	감정가/최저가/과정	임차조사	등기권리

137-130
서울 서초구 양재동 211-1 현대빌라 1층 101호
 	
●감정평가서정리
- 콘크리트벽식조평슬래브지붕
- 서울교육문화회관남동측인근
- 주위노변상가,연립주택등혼재형성
- 차량진출입가능
- 버스(정)인근소재
- 제반교통사정보통
- 사다리꼴평지
- 서측6m도로개설
- 지구단위계획결정고시:서고시제2004-408호(2004.12.10),기준용적률:180%이하,허용용적률:200%이하,상한용적률:서울시도시계획조례시행규칙제7조적용,건축물높이:1.5D이하,(대표적)불허용도:연립주택및아파트(블럭단위공동건축시에한해제외),자동차관련시설(주차장제외)등
- 도시가스개별난방
 	
- 도시지역
- 2종일반주거지역
  (7층이하)
- 1종지구단위계획구역
- 대공방어협조구역
  (위탁고도:77-257m)
- 과밀억제권역
 	
2011.04.04 알비감정
	물건번호: 단독물건
	
	대지 39.84/418.9
	  (12.05평)
	건물 80.33
	  (24.3평)
	  방3,화장실2
	4층-98.05.28보존
	10세대
		감정가 335,000,000
		・대지 268,000,000
		            (80%)
		  (평당 22,240,664)
		
		・건물 67,000,000
		            (20%)
		  (평당 2,757,202)
		
		최저가 268,000,000
		            (80.0%)
		
		●경매진행과정
		            335,000,000
		① 낙찰 2011-07-07
		            336,350,000
		            (100.4%)
		- 응찰 : 1명
		- 낙찰자:이OO
		  불허 2011-07-14
		
		            335,000,000
		① 유찰 2012-08-30
		  20%↓ 268,000,000
		② 낙찰 2012-10-04
		            270,150,000
		            (80.6%)
		- 응찰 : 1명
		  허가 2012-10-11
		  납부 2012-11-20
		  종결 2012-11-22
			●법원임차조사
			*소유자점유.2회 방문하였으나 폐문부재이고, 관할 주민센터 전입세대 확인의뢰 결과 본건에는 소유자세대 이외에 전입세대 없다고 함.
			
			●지지옥션세대조사
			[세] 05.07.05 유OO
			주민센터확인:2012.08.20
				소유권 유OO
				       2005.06.18
				전소유자:이OO
				
				근저당 신한은행
				       양재하이브랜드
				       2005.06.30
				       66,000,000
				
				가압류 이OO
				       2008.12.08
				       100,000,000
				
				강 제 이OO
				       2011.03.11
				*청구액:186,875,342원
				
				등기부채권총액
				       166,000,000원
				
				열람일자 : 2012.08.16

1) 말소기준이 되는 권리

기준이 되는 권리는 2005년 6월 30일 신한은행의 6,600만원짜리 근저당권이다.

2) 등기부상의 권리분석

등기부상의 권리로서 매수인에게 인수될 권리는 없다.

3) 등기부 외의 권리분석

임대차관계를 살펴보면 소유자(채무자)가 직접 살고 있어 인수될 권리는 없다.

4) 배당순서

종 류	배당자	배당액	비 고
경 매 비 용		3,000,000	
근 저 당 권	신한은행	66,000,000	말소기준권리
가 압 류	이○○	100,000,000	
소 유 자	유○○	101,150,000	

5) 해설

주인이 직접 살고 있어 명도가 비교적 쉬워 보인다.
매수인이 인수해야 할 권리관계는 아무것도 없이 깨끗하다.

11. 연립주택(2012-2027)

소 재 지	서울 서초구 양재동 248-1 금강아트빌라 가동 2층 202호 도로명주소				
경매구분	임의(기일)	채 권 자	모아마스제육차유동화전문	낙찰일시	12.09.04 (종결:12.11.09)
용 도	연립	채무/소유자	이OO	낙찰가격	557,000,000
감 정 가	670,000,000	청 구 액	518,841,070	경매개시일	12.01.19
최 저 가	536,000,000 (80%)	토지총면적	89.2 ㎡ (26.98평)	배당종기일	12.04.09
입찰보증금	10% (53,600,000)	건물총면적	84.92 ㎡ (25.69평)	조회수 조회통계	금일1 공고후94 누적209
주의사항	-대금지급기일(기한)이후 지연이자율:연2할 -임대차 : 물건명세서와 같음				

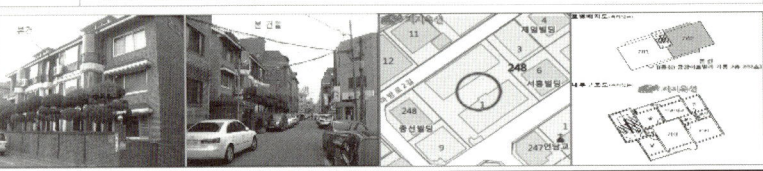

우편번호및주소/감정서	물건번호/면 적(㎡)	감정가/최저가/과정	임차조사	등기권리 NPL
137-130 서울 서초구 양재동 248-1 금강아트빌라 가동 2층 202호 ●감정평가서정리 - 벽돌조스라브위기와지붕 - 양재시민의숲역(신분당선)북동측인근위치 - 주위연립,다세대,다가구주택,근린생활시설,업무용건물등혼재 - 차량출입가능 - 인근버스(정)및양재시민의숲역등소재 - 일반교통사정보통 - 유사사각형등고평탄지 - 남동측약8m,북서측약6m도로접함 - 지구단위계획결정고시:서고시제2004-408호(2004.12.10),기준용적률-180%이하,허용용적률-200%이하,상한용적률-서울시도시계획조례 시행규적제7조적용,건축물높이:1.5D이하18m이하,(대표적)불허용도:연립주택및아파트(블록단위공동건축시예에한해제외),자동차관련시설(주차장제외)등 - 도시가스난방 - 도시지역 - 2종일반주거지역(7층이하) - 1종지구단위계획구역(양재택지지세한사항은도시계획과별도확인요망) - 가축사육제한구역 - 대공방어협조구역(위탁고도:77-257m) - 과밀억제권역 - 상대정화구역 2012.01.31 미감정	물건번호: 단독물건 대지 89.2/1080 (26.98평) 건물 84.92 (25.69평) 방4,욕실2 3층-90.04.23보존	감정가 670,000,000 ·대지 362,000,000 (54.03%) (평당 13,417,346) ·건물 308,000,000 (45.97%) (평당 11,989,101) 최저가 536,000,000 (80.0%) ●경매진행과정 670,000,000 ① 유찰 2012-07-31 20%↓ 536,000,000 ② 낙찰 2012-09-04 557,000,000 (83.1%) - 응찰 : 1명 - 낙찰자: 송 OO 허가 2012-09-11 납부 2012-10-11 종결 2012-11-09	●법원임차조사 *소유자점유.2회 방문하였으나 폐문부재이고, 관찰 주민센터 전입세대 확인의뢰 결과 본건에는 소유자세대 이외에 전입세대 없다고 함.이OO 은 소유자 이OO 의 남편으로서 임차대에 해당되지 않음. ●지지옥션세대조사 세 03.03.22 이OO 주민센터확인:2012.08.03	소유권 이OO 2003.08.27 전소유자:조 OO 근저당 우리은행 봉천동 2008.08.22 600,000,000 근저당 신라상호저축 양재동 2010.02.11 65,000,000 근저당 송 OO 2010.11.09 100,000,000 가압류 신용보증기금 양재 2010.11.11 259,000,000 가압류 신한카드 2011.11.04 18,872,881 가압류 신용보증재단중앙 영동농협 2012.01.04 5,297,496 임 의 모아마스제육차유동화전문 2012.01.20 *청구액:518,841,070원 가압류 국민은행 양OO 2012.02.14 4,975,826 등기부채권총액 1,053,146,203원 열람일자 : 2012.03.19

1) 말소기준이 되는 권리

기준이 되는 권리는 2008년 8월 22일 우리은행의 6억원짜리 근저당권이다.

2) 등기부상의 권리분석

등기부상의 권리로서 매수인에게 인수될 권리는 없다.

3) 등기부 외의 권리분석

임대차관계를 살펴보면 채무자(소유자)가 직접 살고 있어 인수될 권리는 없다.

4) 배당순서

종 류	배당자	배당액	비 고
경 매 비 용		5,500,000	
근 저 당 권	우리은행	551,500,000	말소기준권리

5) 해설

주인이 직접 살고 있어 명도가 비교적 쉬워 보인다.
매수인이 인수해야 할 권리관계는 아무것도 없이 깨끗하다.

12. 연립주택 (2012-16428)

소재지	서울 강서구 화곡동 73-105 대근빌라 가동 3층 309호 [도로명주소]					
경매구분	임의(기일)	채권자	광주(새)	낙찰일시	13.01.23 (종결:13.03.12)
용도	연립	채무/소유자	김○○	낙찰가격	142,810,000
감정가	210,000,000	청구액	141,786,760	경매개시일	12.06.20
최저가	134,400,000 (64%)	토지총면적	53.79 m² (16.27평)	배당종기일	12.09.03
입찰보증금	10% (13,440,000)	건물총면적	46.44 m² (14.05평)	조회수 조회통계	금일1 공고후67 누적129

우편번호및주소/감정서	물건번호/면적(m²)	감정가/최저가/과정	임차조사	등기권리
157-010 서울 강서구 화곡동 73-105 대근빌라 가동 3층 309호 ●감정평가서정리 - 철콘및벽돌조철콘조경슬래브위기와지붕 - 우장초등교남서측약 100m지점소재 - 인근다세대및단독주택, 근린생활시설, 아파트등소재 - 인근버스(정)및전철5호선우장산역소재 - 대중교통수단및차량출입편인원만 - 부정형동고평탄지 - 북서측약6m도로접하며인근화곡로,강서로, 공항대로등연계 - 도로접함 - 도시가스개별난방 - 도시지역 - 1종일반주거지역 - 공항시설보호지구 - 최고고도지구 (수평표면:해발57.86m미만) - 가축사육제한구역 (지역경제과확인요망) 대공방어협조구역 (위탁고도:77-257m) - 과밀억제권역 - 학교환경위생정화구역 (강서교육청반드시확인요망) - 수평표면구역 2012.06.26 성림감정	물건번호: 단독물건 대지 53.79/3135 (16.27평) 건물 46.44 (14.05평) 방3 3층-90.03.03보존	감정가 210,000,000 · 대지 105,000,000 (50%) (평당 6,453,596) · 건물 105,000,000 (50%) (평당 7,473,310) 최저가 134,400,000 (64.0%) ●경매진행과정 210,000,000 ① 유찰 2012-11-13 20%↓ 168,000,000 ② 유찰 2012-12-18 20%↓ 134,400,000 ③ 낙찰 2013-01-23 142,810,000 (68%) - 응찰:1명 - 낙찰자:강○○ 허가 2013-01-30 납부 2013-03-08 종결 2013-03-12	●법원임차조사 *소유자점유. 세대주는 소유자 남편 ●지지옥션세대조사 세 01.01.13 최○○ 주민센터확인:2012.11.20	근저당 광주(새) 2011.04.20 182,000,000 근저당 이○○ 2012.03.15 6,000,000 임 의 광주(새) 2012.06.20 *청구액:141,786,760원 등기부채권총액 188,000,000원 열람일자 : 2012.07.06

1) 말소기준이 되는 권리

기준이 되는 권리는 2011년 4월 20일 광주(새)의 1억 8,200만원 짜리 근저당권이다.

2) 등기부상의 권리분석

등기부상의 권리로서 매수인에게 인수될 권리는 없다.

3) 등기부 외의 권리분석

임대차관계를 살펴보면 채무자(소유자)가 직접 살고 있어 인수될 권리는 없다.

4) 배당순서

종 류	배당자	배당액	비 고
경 매 비 용		2,600,000	
근 저 당 권	광주(새)	140,210,000	말소기준권리

5) 해설

주인이 직접 살고 있어 명도가 비교적 쉬워 보인다.
매수인이 인수해야 할 권리관계는 아무것도 없이 깨끗하다.

13. 오피스텔(2011-17837)

소 재 지	서울 양천구 신월동 235-7 신목동샤르망 9층 906호 [도로명주소]				
경매구분	임의(기일)	채 권 자	남부약사신협	낙찰일시	12.08.16 (종결:12.10.24)
용 도	오피스텔(주거용)	채무/소유자	박OO	낙찰가격	54,838,300
감 정 가	56,000,000	청 구 액	41,062,936	경매개시일	11.08.17
최 저 가	44,800,000 (80%)	토지총면적	7.93 m² (2.4평)	배당종기일	11.11.07
입찰보증금	10% (4,480,000)	건물총면적	19.36 m² (5.86평)	조 회 수 조회통계	금일 1 공고후156 누적635

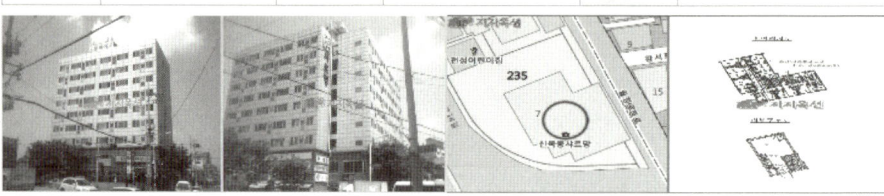

우편번호및주소/감정서	물건번호/면 적(m²)	감정가/최저가/과정	임차조사	등기권리
158-090 서울 양천구 신월동 235-7 신목동샤르망 9층 906호 ●감정평가서정리 - 도로명주소:서울 양천구 월정로 101 - 철콘구조철콘평슬래브지붕 - 업무시설및1종근린생활시설 - 신월중앙시장북서측약 300m지점 - 도로변은각종점포형성된로선상가지대,후면은공동주택,단독주택,소규모점포등혼재된일반주택지대 - 제반차량출입가능 - 시내버스(정)도보2-3분소요,지하철5호선까치산역원거리소재 - 부정형등고평탄지 - 북동측으로월정로,남측으로배다리서길,남서측으로들마당4길접함 - 도로접함 - 도시가스개별난방 - 도시지역 - 2종일반주거지역 (7층이하) - 가축사육제한구역 - 대공방어협조구역 (위탁고도77-257m) - 과밀억제권역 - 수평표면구역 - 진입표면구역 2011.08.23 김일수감정	물건번호: 단독물건 대지 7.9289/2160.4 (2.4평) 건물 19.36 (5.86평) 공용:17.86(지하주차장10.24포함) 9층-04.03.12보존	감정가 56,000,000 · 대지 24,640,000 (44%) (평당 10,266,667) · 건물 31,360,000 (56%) (평당 5,351,536) 최저가 44,800,000 (80.0%) ●경매진행과정 56,000,000 ① 유찰 2012-07-11 20%↓ 44,800,000 ② 낙찰 2012-08-16 54,838,300 (97.9%) - 응찰: 12명 - 낙찰자:권OO - 2위응찰액: 52,700,000 허가 2012-08-23 납부 2012-09-20 종결 2012-10-24	●법원임차조사 김OO 전입 2010.05.03 확정 2010.05.03 배당 2011.08.24 (보) 20,000,000 (월) 130,000 주거/전부 점유기간 2010.5.3-2012.5.3 ●지지옥션세대조사 세 10.05.03 김OO 주민센터확인:2012.07.16	소유권 박OO 2010.01.29 전소유자: OO 공영 근저당 남부약사신협 2010.01.29 48,100,000 압 류 양천구 2010.11.16 임 의 남부약사신협 2011.08.19 *청구액:41,062,936원 등기부채권총액 48,100,000 원 열람일자 : 2012.07.09

1) 말소기준이 되는 권리

기준이 되는 권리는 2010년 1월 29일 남부약사신협의 4,810만원짜리 근저당권이다.

2) 등기부상의 권리분석

등기부상의 권리로서 매수인에게 인수될 권리는 없다.

3) 등기부 외의 권리분석

임차인은 말소기준권리보다 전입날짜가 늦어 매수인에게 대항력이 없다.

4) 배당순서

종류	배당자	배당액	비고
경매비용		1,380,000	
임차인	김○○	20,000,000	소액보증금
근저당권	남부약사신협	33,458,300	말소기준권리

5) 해설

세입자가 소액보증금은 받아가기 때문에 명도에 별 어려움은 없어 보인다.
매수인이 인수해야 할 권리관계는 아무것도 없이 깨끗하다.

14. 오피스텔(2011-24477)

소 재 지	서울 영등포구 양평동2가 1-1 신동아하이팰리스 13층 103-1307호 도로명주소				
경매구분	임의(기일)	채 권 자	하나캐피탈	낙 찰 일 시	12.11.14 (종결:13.01.31)
용 도	오피스텔(주거용)	채무/소유자	서OO	낙 찰 가 격	225,550,000
감 정 가	240,000,000	청 구 액	52,000,000	경매개시일	11.11.03
최 저 가	192,000,000 (80%)	토지총면적	19.29 ㎡ (5.84평)	배당종기일	12.01.17
입찰보증금	10% (19,200,000)	건물총면적	72.13 ㎡ (21.82평)	조 회 수 조회통계	금일1 공고후139 누적591

현장조사 보고서열람
- 물건지는 5호선 양평역 도보 약 6-7분 정도임
- 감정가 시세정도 형성되었으며 신건으로 1회 유찰로 입찰자 있었으므로 보이며 입찰경쟁, 낙찰가는 비교적 높을것으로 사료됨
- 영등포, 신길 재정비촉진구역 여의도, 구로와 영등포 준공업지역 등 수요가 풍부한 지역으로 임대는 잘 나갈 것으로 보임
- 높은 시세상승은 힘들으로 보이나 지속적 임대 상승 가능성 있으며 오피스텔 투자 수요 고점으로 고려하시기 바라며 역세권 소형으로 임대목적 매수 괜찮을것으로 사료됨 투자기간, 임대......

우편번호및주소/감정서	물건번호/면 적(㎡)	감정가/최저가/과정	임차조사	등기권리
150-102 서울 영등포구 양평동2가 1-1 신동아하이팰리스 13층 103-1307호 ●감정평가서정리 - 철콘조철콘지붕 - 지하철5호선양평역2번출구에서남측으로직선거리350m, 관악고등학교정문에서북동측으로 150m진입위치 - 인근아파트,오피스텔 등소재 - 차량통행가능 - 북측인근지하철5호선 양평역, 동측인근도로 강나루길변으로마을버스(정),북측인근도로(영등포)변으로각종 노선버스(정)소재 - 대중교통사정무난 - 정방형토지 - 동측및북측,서측으로 15m, 10m, 12m도로각각 접함 - 도시가스보일러 - 준공업지역 - 가축사육제한구역 (예외:애완및방법용가축)지역경제과문의) - 대공방어협조구역 (위탁고도77-257m) - 과밀억제권역 (세부사항:서울시청도시계획과문의) - 학교환경위생정하구역 (세부사항남부교육청 반드시확인요망) - 한강폐기물매립시설설치제한지역 (맑은환경과문의) - 토지거래허가구역 (허가대상:면적:660㎡ 초과(준공업지역)) 2011.11.17 대일감정	물건번호: 단독물건 대지 19.29/9753.4 (5.84평) 건물 72.13 (21.82평) 방2,드레스룸 분양면적:123.74 15층-05.08.17보존 현장보고서 열람	감정가 240,000,000 · 대지 98,400,000 (41%) (평당 16,849,315) · 건물 141,600,000 (59%) (평당 6,489,459) 최저가 192,000,000 (80.0%) ●경매진행과정 240,000,000 ① 변경 2012-04-17 240,000,000 ① 유찰 2012-06-26 20%↓ 192,000,000 ② 변경 2012-07-31 192,000,000 ② 낙찰 2012-11-14 225,550,000 (94%) - 응찰: 10명 - 낙찰자:박OO - 2위응찰액: 222,877,000 허가 2012-11-21 납부 2012-12-28 종결 2013-01-31	●법원임차조사 현 OO 전입 2010.10.08 확정 2010.10.08 배당 2011.11.18 (보) 160,000,000 주거/전부 점유기간 2010.10.8- ●지자육선세대조사 주 10.03.15 서OO 주 10.10.08 현OO 주민센터확인:2012.04.04	소유권 서OO 2009.08.03 전소유자:KB부동산 신탁 저당권 예가람상호저축 영등포 2010.02.26 26,000,000 저당권 하나캐피탈 2011.06.07 52,000,000 저당권 신OO 2011.06.15 13,000,000 저당권 신OO 2011.07.01 39,000,000 저당권 이OO 2011.09.08 13,000,000 임 의 하나캐피탈 2011.11.03 *청구액:52,000,000원 가압류 서울신용보증 강남영업본부 2012.01.06 9,152,000 가압류 씨티은행 2012.01.06 6,458,925 압 류 국민건강보험 영등포남부 2012.02.27 등기부채권총액 158,610,925원 열람일자 : 2012.06.12

1) 말소기준이 되는 권리

기준이 되는 권리는 2010년 2월 26일 예가람상호저축의 2,600만 원짜리 저당권이다.

2) 등기부상의 권리분석

등기부상의 권리로서 매수인에게 인수될 권리는 없다.

3) 등기부 외의 권리분석

임차인은 말소기준권리보다 전입날짜가 늦어 매수인에게 대항력이 없다.

4) 배당순서

종 류	배당자	배당액	비 고
경매비용		1,900,000	
저 당 권	예가람상호저축	26,000,000	말소기준권리
임 차 인	현○○	160,000,000	
저 당 권	하나캐피탈	37,650,000	

5) 해설

세입자가 보증금 전액을 받아가기 때문에 명도에 별 어려움은 없어 보인다.
매수인이 인수해야 할 권리관계는 아무것도 없이 깨끗하다.

15. 오피스텔(2011-23805)

소 재 지	서울 서초구 서초동 1446-11 현대슈퍼빌 14층 오피스텔1408호 [도로명주소]				
경매구분	임의(기일)	채 권 자	한○○	낙찰일시	12.03.06 (종결:12.05.08)
용 도	오피스텔(주거용)	채무/소유자	임○○	낙찰가격	246,770,000
감 정 가	250,000,000	청 구 액	175,000,000	경매개시일	11.08.18
최 저 가	200,000,000 (80%)	토지총면적	9.56 m² (2.89평)	배당종기일	11.11.10
입찰보증금	10% (20,000,000)	건물총면적	36.89 m² (11.16평)	조 회 수	금일1 공고후252 누적589

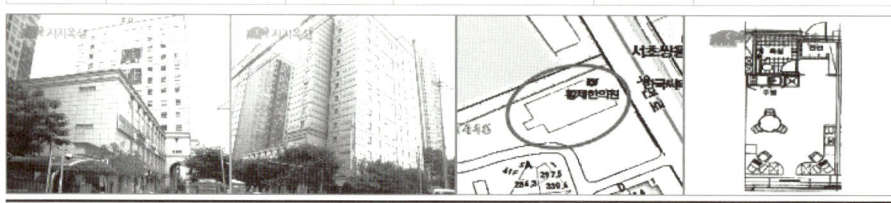

우편번호및주소/감정서	물건번호/면 적(m²)	감정가/최저가/과정	임차조사	등기권리

137-070
서울 서초구 서초동 1446-11 현대슈퍼빌 14층 오피스텔1408호
 	
●감정평가서정리
- 공부상:아파트
- 서울남부(터)남측인접소재
- 부근오피스빌딩,상업용건물,주상복합건물,오피스텔등혼재한노선상가지대
- 차량출입자유로움
- 인근버스(정)및지하철3호선남부(터)소재
- 사다리형등고평탄지
- 북동측우면로(30m),남측8m도로접함
- 도로접함
- 건축선지정(도로경계선에서3m후퇴)
- 지역난방
 	
- 준주거지역
- 일반미관지구
- 가축사육제한구역
- 대공방어협조구역
  (위탁고도77-257m)
- 과밀억제권역
 	
2011.08.30 신성감정
	물건번호: 단독물건
	
	대지 9.56/27115.2
	  (2.89평)
	건물 36.89
	  (11.16평)
	공유포함:82.23
	46층-03.10.29보존
		감정가 250,000,000
		• 대지 102,500,000
		  (41%)
		  (평당 35,467,128)
		• 건물 147,500,000
		  (59%)
		  (평당 13,216,846)
		
		최저가 200,000,000
		  (80.0%)
		
		●경매진행과정
		  250,000,000
		① 유찰 2012-01-31
		20%↓ 200,000,000
		② 낙찰 2012-03-06
		  246,770,000
		  (98.7%)
		- 응찰 : 16명
		- 낙찰자: 심○○
		- 2위응찰액:
		  242,100,000
		
		허가 2012-03-13
		납부 2012-04-20
		종결 2012-05-08
			●법원임차조사
			한○○ (보) 175,000,000
			  주거
			  등기부상
			
			*생활지원센터 직원(여,20대)에 의하면, 현재 비어 있다고 함
			
			●지지옥션세대조사
			전입세대없음
			주민센터확인:2012.02.06
				소유권 임○○
				2004.05.25
				전소유자: ○○공제회
				
				전세권 한○○
				2010.08.09
				175,000,000
				존속기
				간:2011.08.06
				
				임 의 한○○
				2011.08.25
				*청구액:175,000,000원
				
				등기부채권총액
				175,000,000원
				
				열람일자 : 2011.09.19

1) 말소기준이 되는 권리

기준이 되는 권리는 2010년 8월 9일 한현옥의 1억 7,500만원짜리 전세권이다.

2) 등기부상의 권리분석

등기부상의 권리로서 매수인에게 인수될 권리는 없다.

3) 등기부 외의 권리분석

임차인이 경매신청을 하여 전액 보증금을 배당받으므로 인수될 권리는 없다.

4) 배당순서

종 류	배당자	배당액	비고
경매비용		2,900,000	
전 세 권	한○○	175,000,000	말소기준권리
소 유 자	임○○	68,870,000	

5) 해설

세입자가 보증금 전액을 받아가기 때문에 명도에 별 어려움은 없어 보인다.
매수인이 인수해야 할 권리관계는 아무것도 없이 깨끗하다.

16. 오피스텔(2012-16767)

소 재 지	서울 종로구 숭인동 1388 동양파라빌 4층 404호 [난계로 251]				
경매구분	임의(기일)	채 권 자	우리FNI제29차유동화전문	낙 찰 일 시	12.12.18 (종결:13.03.08)
용 도	오피스텔(주거용)	채무/소유자	노O	낙 찰 가 격	128,200,000
감 정 가	130,000,000	청 구 액	53,651,747	경매개시일	12.05.30
최 저 가	104,000,000 (80%)	토지총면적	4.28 m² (1.29평)	배당종기일	12.08.20
입찰보증금	10% (10,400,000)	건물총면적	27.09 m² (8.19평)	조 회 수 조회통계	금일1 공고후171 누적313
주 의 사 항	·-대금지급기일(기한)이후 지연이자율:연2할 ··-임대차 : 물건명세서와 같음				
현 장 조 사 보고서열람	- 신설동역 도보 약 5분 정도임 수도학원 등 각종 학원가가 주를 이루며 항시 교통체증이 있음 인근은 주상용 건물, 상가, 아파트, 주택이 혼재한 지역임. 주변 각종 음식점과 할인마트, 은행, 병원 등 제반 편의시설 양호하며 유동인구와 교통량이 많아 복잡 하고 시끄러움 - 초역세권으로 실수요, 임대수요가 풍부한곳으로 월세, 전세 수요 지속적으로 있으며 향후 인플 레에 의한 임대가 일정 부분 상승 가능함 - 임대수익률은 높지않으며 장기간 보유시 감가상각 등 고려하시고 현재 급매가 체크하신후 입찰하.....				

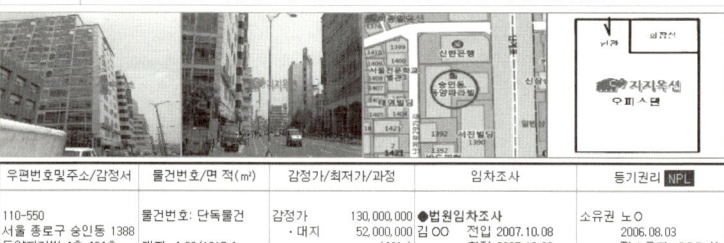

우편번호및주소/감정서	물건번호/면 적(㎡)	감정가/최저가/과정	임차조사	등기권리 NPL
110-550 서울 종로구 숭인동 1388 동양파라빌 4층 404호 [난계로 251] ●감정평가서정리 - 철근조철판지붕 - 업무시설,1,2종근린생활시설 - 지하철신설동역1,2호선남서측인근 - 주위오피스텔, 은행등, 업무용빌딩, 근린시설, 동대문우체국등공공기관, 병원, 신설동로터리 등형성된상가지대 - 차량진입가능 - 인근버스(정)및지하철 1,2호선(신설동역)소재 - 교통사정무난 - 자루형등고평탄지 - 동측대로, 북측및서측 세로접함 - 도로접함 - 승인지구단위계획결정:2007.01.11(서고시제4호)건폐율:60%,기준용적률:500%,허용용적률:800%,최대개발규모:2000㎡이하,최고높이:70m이하,용도등기타세부사항건축과문의 - 도시가스개별난방 - 도시지역 - 일반상업지역 - 중심지미관지구 (건축선지정,세부문의:건축과) - 지구단위계획구역 - 가축사용제한구역 - 대공방어협조구역 (위탁고도:54-236m) - 과밀억제권역 2012.06.04 SR감정	물건번호: 단독물건 대지 4.28/1917.4 (1.29평) 건물 27.09 (8.19평) 공용:24.1(주차장 13.18포함) 14층-05.08.24보존 현장보고서 열람 GO	감정가 130,000,000 · 대지 52,000,000 (40%) (평당 40,310,078) · 건물 78,000,000 (60%) (평당 9,523,810) 최저가 104,000,000 (80.0%) ●경매진행과정 130,000,000 ① 유찰 2012-11-13 20%↓ 104,000,000 ② 낙찰 2012-12-18 128,200,000 (98.6%) - 응찰 : 11명 - 낙찰자:장OO - 2위응찰액: 122,200,000 허가 2012-12-26 납부 2013-01-28 종결 2013-03-08	●법원임차조사 김OO 전입 2007.10.08 확정 2007.10.08 배당 2012.06.08 (보) 30,000,000 (월) 300,000 주거/전부 점유기간 2007.10.8- *2회 방문하였으나 폐문부재이고, 방문한 취지 와 연락처를 남겼으나 아무런 연락이 없으므로 주민등록 전입된 세대만 임차인으로 보고함. ●지지옥션세대조사 세 07.10.08 김OO 주민센터확인:2012.11.22	소유권 노O 2006.08.03 전소유자: OOO 산업 근저당 하나은행 신설동 2006.08.03 67,600,000 압 류 서울강북구 2010.04.13 임 의 우리FNI제29차유동화전문 (양도전:하나은행) 2012.05.30 *청구액:53,651,747원 등기부채권총액 67,600,000원 열람일자 : 2012.07.12

1) 말소기준이 되는 권리

기준이 되는 권리는 2006년 8월 3일 하나은행의 6,760만원짜리 근저당권이다.

2) 등기부상의 권리분석

등기부상의 권리로서 매수인에게 인수될 권리는 없다.

3) 등기부 외의 권리분석

임차인은 말소기준권리보다 전입날짜가 늦어 매수인에게 대항력이 없다.

4) 배당순서(단, 압류는 배당에서 제외)

종 류	배당자	배당액	비 고
경 매 비 용		1,700,000	
임 차 인	김○○	16,000,000	소액보증금
근 저 당	하나은행	67,600,000	말소기준권리
임 차 인	김○○	14,000,000	
소 유 자	노 ○	28,900,000	

5) 해설

세입자가 보증금 전액을 받아가기 때문에 명도에 별 어려움은 없어 보인다.

매수인이 인수해야 할 권리관계는 아무것도 없이 깨끗하다.

17. 단독주택(2011-20744)

소 재 지	서울 도봉구 방학동 628-22 [도로명주소]				
경매구분	임의(기일)	채 권 자	제이앤제이대부	낙찰일시	12.06.12 (종결:13.02.19)
용 도	단독주택	채무/소유자	손OO	낙찰가격	198,700,000
감 정 가	325,783,600	청 구 액	60,000,000	경매개시일	11.11.10
최 저 가	166,802,000 (51%)	토지총면적	126.8 ㎡ (38.36평)	배당종기일	12.01.19
입찰보증금	10% (16,680,200)	건물총면적	87.89 ㎡ (26.59평)	조 회 수 조회통계	금일1 공고후157 누적448

우편번호및주소/감정서	물건번호/면적(㎡)	감정가/최저가/과정	임차조사	등기권리
132-020 서울 도봉구 방학동 628-22 ●감정평가서정리 - 벽돌조세멘기와지붕 - 방학2동주민센터남동측인근 - 부근단독및연립,다세대주택등공동주택,상가등혼재된기존주택지대 - 차량출입가능하나다소불편 - 버스(정)인근소재 - 대중교통사정보통 - 방형의등고평탄지 - 동측일부3m내외도로접함 - 도시가스난방 - 2종일반주거지역 (7층이하) - 가축사육제한구역 - 대공방어협조구역 - 과밀억제권역 2011.11.22 안국감정 표준공시지가: 1,130,000 감정지가: 2,390,000	물건번호: 단독물건 대지 126.8 (38.36평) 건물 · 주택 68.4 (20.69평) 방3 · 지하실창고 13.19 (3.99평) 제시외 · 창고 1 (0.3평) · 보일러실 0.8 (0.24평) · 가추 4.5 (1.36평) 87.12.23보존	감정가 325,783,600 · 대지 303,052,000 (93.02%) (평당 7,900,209) · 건물 22,366,600 (6.87%) (평당 841,166) · 제시 365,000 (0.11%) 최저가 166,802,000 (51.2%) ●경매진행과정 325,783,600 ① 유찰 2012-03-06 20%↓ 260,627,000 ② 유찰 2012-04-10 20%↓ 208,502,000 ③ 유찰 2012-05-08 20%↓ 166,802,000 ④ 낙찰 2012-06-12 198,700,000 (61%) - 응찰: 3명 - 낙찰자:박OO - 2위응찰액: 196,300,000 허가 2012-06-19 종결 2013-02-19	●법원임차조사 *소유자점유 ●지지옥션세대조사 새 01.02.03 손OO 주민센터확인:2012.02.24	**건물** 소유권 손OO 2000.12.13 저당권 솔로몬상호저축 [공동] 도곡 2010.03.09 221,000,000 저당권 제이앤제이대부 [공동] 2011.04.08 60,000,000 임 의 제이앤제이대부 [공동] 2011.11.10 *청구액:60,000,000원 임 의 솔로몬저축은행 [공동] 여신관리부 2011.11.10 2011타경19850 **토지** 건물등기부등본과 동일 등기부채권총액 281,000,000원 열람일자 : 2011.11.23

1) 말소기준이 되는 권리

기준이 되는 권리는 2010년 3월 9일 솔로몬상호저축의 2억 2,100만원짜리 저당권이다.

2) 등기부상의 권리분석

등기부상의 권리로서 매수인에게 인수될 권리는 없다.

3) 등기부 외의 권리분석

임대차관계를 살펴보면 소유자(채무자)가 직접 살고 있어 인수될 권리는 없다.

4) 배당순서

종 류	배당자	배당액	비 고
경 매 비 용		1,900,000	
저 당 권	솔로몬상호저축	196,800,000	말소기준권리

5) 해설

주인이 직접 살고 있어 명도가 비교적 쉬워 보인다.

매수인이 인수해야 할 권리관계는 아무것도 없이 깨끗하다.

18. 단독주택(2011-19243)

소 재 지	서울 광진구 자양동 225-58 [도로명주소]				
경매구분	임의(기일)	채 권 자	신정신협	낙찰일시	12.05.14 (종결:12.06.29)
용 도	단독주택	채무/소유자	조OO/박OO	낙찰가격	433,880,000
감 정 가	452,340,000	청 구 액	294,425,292	경매개시일	11.12.20
최 저 가	361,872,000 (80%)	토지총면적	93.2 m² (28.19평)	배당종기일	12.03.02
입찰보증금	10% (36,187,200)	건물총면적	95.28 m² (28.82평)	조 회 수	금일1 공고후343 누적724
주의사항	- 일괄매각.제시외건물 포함.				

현장조사 보고서열람
- 건대입구 도보 약 3분 정도임
- 6차선 대로변 건대병원 바로 앞 물건으로 도로변 전면에 소규모 점포들이 주를 이루고 후면은 빌라, 주택이 일부 형성하며 주변은 건대스타시티, 우성 등 아파트 단지 주를 이루즌 주거 지역으로 전체적으로 평지임.
- 도로상황 양호하며 제반 편의시설 우수한 편이며 건대입구 주변 강북 최고의 상권 중 하나임
- 학군은 양호한편이고 아차산, 어린이대공원, 강변 한강지구 등 여가공간 즐길수 있고 롯데백화점, 테크노마트, 건대이마트 등 이용 가능함
- 약 5,6미터 .....

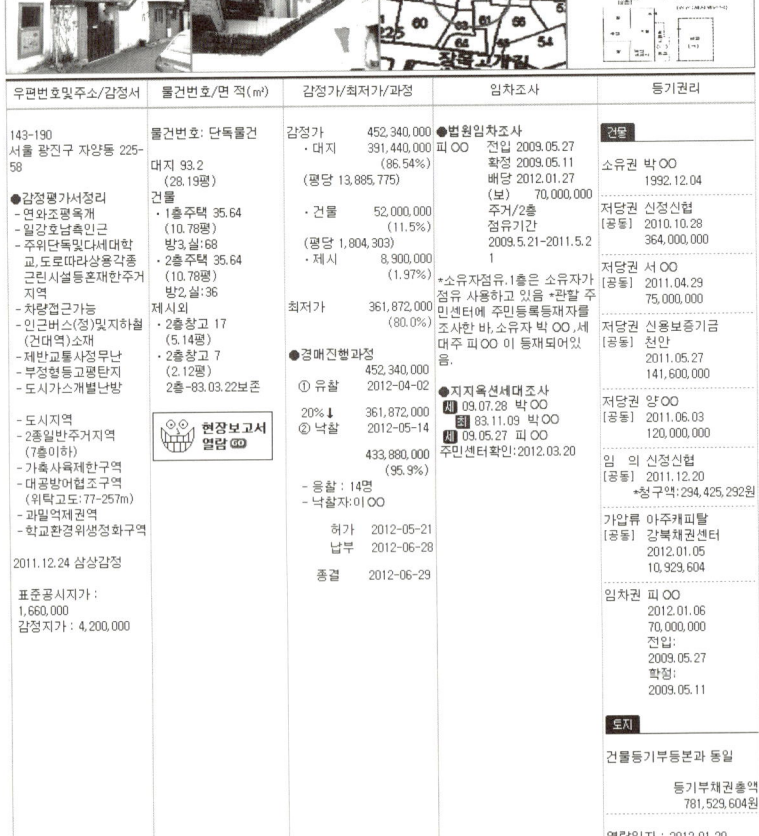

우편번호및주소/감정서	물건번호/면적(㎡)	감정가/최저가/과정	임차조사	등기권리
143-190 서울 광진구 자양동 225-58 ●감정평가서정리 - 연와조평옥개 - 일강호남측인근 - 주위단독및다세대학교,도로따라상용각종 근린시설등혼재한주거지역 - 차량접근가능 - 인근버스(정)및지하철(건대역)소재 - 제반교통사정무난 - 부정형등고평탄지 - 도시가스개별난방 - 도시지역 - 2종일반주거지역 (7층이하) - 가축사육제한구역 - 대공방어협조구역 (위탁고도:77-257m) - 과밀억제권역 - 학교환경위생정화구역 2011.12.24 삼상감정 표준공시지가: 1,660,000 감정지가: 4,200,000	물건번호: 단독물건 대지 93.2 (28.19평) 건물 · 1층주택 35.64 (10.78평) 방3,실:68 · 2층주택 35.64 (10.78평) 방2,실:36 제시외 · 2층창고 17 (5.14평) · 2층창고 7 (2.12평) 2층-83.03.22보존 [현장보고서 열람]	감정가 452,340,000 · 대지 391,440,000 (86.54%) (평당 13,885,775) · 건물 52,000,000 (11.5%) (평당 1,804,303) · 제시 8,900,000 (1.97%) 최저가 361,872,000 (80.0%) ●경매진행과정 452,340,000 ① 유찰 2012-04-02 20%↓ 361,872,000 ② 낙찰 2012-05-14 433,880,000 (95.9%) - 응찰 : 14명 - 낙찰자:이OO 허가 2012-05-21 납부 2012-06-28 종결 2012-06-29	●법원임차조사 피OO 전입 2009.05.27 확정 2009.05.11 배당 2012.01.27 (보) 70,000,000 주거/2층 점유기간 2009.5.21-2011.5.21 *소유자점유.1층은 소유자가 점유 사용하고 있음 *관할 주민센터에 주민등록등재자를 조사한 바,소유자 박OO,세대주 피OO 이 등재되어있음. ●지지옥션세대조사 새 09.07.28 박OO 전 83.11.09 박OO 새 09.05.27 피OO 주민센터확인:2012.03.20	건물 소유권 박OO 1992.12.04 저당권 신정신협 [공동] 2010.10.28 364,000,000 저당권 서OO [공동] 2011.04.29 75,000,000 저당권 신용보증기금 천안 [공동] 2011.05.27 141,600,000 저당권 양OO [공동] 2011.06.03 120,000,000 임 의 신정신협 [공동] 2011.12.20 *청구액:294,425,292원 가압류 아주캐피탈 [공동] 강북채권센터 2012.01.05 10,929,604 임차권 피OO 2012.01.06 70,000,000 전입: 2009.05.27 확정: 2009.05.11 토지 건물등기부등본과 동일 등기부채권총액 781,529,604원 열람일자 : 2012.01.20

1) 말소기준이 되는 권리

기준이 되는 권리는 2010년 10월 28일 신정신협의 3억 6,400만 원짜리 저당권이다.

2) 등기부상의 권리분석

등기부상의 권리로서 매수인에게 인수될 권리는 없다.

3) 등기부 외의 권리분석

임대차관계를 살펴보면 1층은 소유자(채무자)가 직접 살고 있고, 2층 임차인(피○○)은 대항력은 있으나, 보증금 전액을 배당받는다.

4) 배당순서

종류	배당자	배당액	비고
경매비용		4,000,000	
임차인	피○○	70,000,000	
저당권	신정신협	359,880,000	말소기준권리

5) 해설

임차인은 보증금 전액을 배당받아 명도가 비교적 쉬워 보인다. 매수인이 인수해야 할 권리관계는 아무것도 없이 깨끗하다.

19. 단독주택(2011-19313)

소 재 지	서울 은평구 응암동 451-10 도로명주소				
경매구분	임의(기일)	채 권 자	연희신협	낙찰일시	12.09.12 (종결:12.11.16)
용 도	단독주택	채무/소유자	양OO	낙찰가격	366,999,990
감 정 가	559,223,800	청 구 액	350,000,000	경매개시일	11.11.17
최 저 가	286,322,000 (51%)	토지총면적	198 m² (59.9평)	배당종기일	12.01.30
입찰보증금	10% (28,632,200)	건물총면적	139.5 m² (42.2평)	조 회 수 조회통계	금일1 공고후306 누적1,303
주의사항	·일괄매각				

우편번호및주소/감정서	물건번호/면적(m²)	감정가/최저가/과정	임차조사	등기권리
122-010 서울 은평구 응암동 451-10 ●감정평가서정리 - 연와조 슬래브위기와즙 - 영락중학교서남측소재 - 주위단독및다세대주택 밀집한주거지대 - 응암로약150m상거한 세로변소재,교통다소 불편 - 장방형가까운평지 - 서남북도로접함 - 도로저촉 - 난방설비 - 준공년도:1980년6월 - 3종일반주거지역 - 가축사육제한구역 - 건축허가,착공제한지역 - 대공방어협조구역 (위탁고도:77~257m) - 정비구역 (주택재개발사업) - 과밀억제권역 - 상대정화구역 (최종확인관할교육청 반드시확인필요한사항임) 2011.11.19 수감정 표준공시지가 : 1,780,000 감정지가 : 2,660,000	물건번호: 단독물건 대지 198 (59.9평) 건물 · 1층주택 70.08 (21.2평) · 2층주택 47.6 (14.4평) · 지하실 21.82 (6.6평) 2층-88.05.03보존	감정가 559,223,800 · 대지 526,680,000 (94.18%) (평당 8,792,654) · 건물 32,543,800 (5.82%) (평당 771,180) 최저가 286,322,000 (51.2%) ●경매진행과정 559,223,800 ① 유찰 2012-03-21 20%↓ 447,379,000 ② 유찰 2012-04-25 20%↓ 357,903,000 ③ 변경 2012-05-30 357,903,000 ③ 유찰 2012-08-08 20%↓ 286,322,000 ④ 낙찰 2012-09-12 366,999,990 (65.6%) - 응찰 : 16명 - 낙찰자:이OO 허가 2012-09-19 납부 2012-10-26 종결 2012-11-16	●법원임차조사 *폐문부재로 안내문을 남겨 두고 왔으나 아무 연락이 없어 점유관계 미상이나, 본건 목적물 상에 주민등록 전입세대가 소유자 세대 뿐이므로 그 주민등록표등본을 확인함. ●지지옥션세대조사 세 91.05.04 양OO 주민센터확인:2012.03.08	**건물** 소유권 양OO 1988.11.09 저당권 연희신협 [공동] 2008.12.02 455,000,000 저당권 종로광장(새) [공동] 2010.04.12 11,700,000 임 의 연희신협 [공동] 2011.11.17 *청구액:350,000,000원 **토지** 소유권 양OO 1988.11.09 임 의 연희신협 2011.11.17 *청구액:350,000,000원 등기부채권총액 466,700,000원 열람일자 : 2011.12.12

1) 말소기준이 되는 권리

기준이 되는 권리는 2008년 12월 2일 연희신협의 4억 5,500만원 짜리 저당권이다.

2) 등기부상의 권리분석

등기부상의 권리로서 매수인에게 인수될 권리는 없다.

3) 등기부 외의 권리분석

임대차관계를 살펴보면 소유자(채무자)가 직접 살고 있어 인수될 권리는 없다.

4) 배당순서

종 류	배당자	배당액	비 고
경 매 비 용		4,300,000	
저 당 권	연희신협	362,699,990	말소기준권리

5) 해설

주인이 직접 살고 있어 명도가 비교적 쉬워 보인다.

매수인이 인수해야 할 권리관계는 아무것도 없이 깨끗하다.

20. 단독주택(2012-18664)

소 재 지	서울 동작구 상도동 350-3 [도로명주소]					
경매구분	임의(기일)	채 권 자	웅진수협	낙 찰 일 시	12.12.27 (종결:13.03.27)
용 도	단독주택	채무/소유자	이OO	낙 찰 가 격	313,100,000
감 정 가	470,177,260	청 구 액	305,223,287	경매개시일	12.06.14
최 저 가	300,914,000 (64%)	토지총면적	165㎡ (49.91평)	배당종기일	12.09.10
입찰보증금	10% (30,091,400)	건물총면적	97.26㎡ (29.42평)	조 회 수 조회통계	금일1 공고후160 누적573

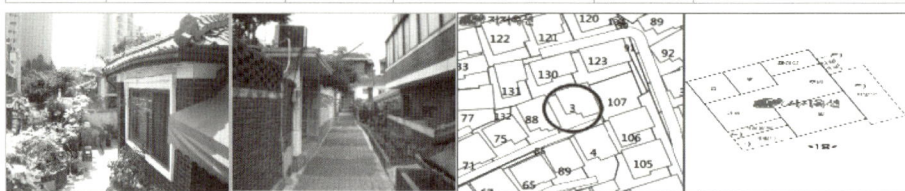

우편번호및주소/감정서	물건번호/면 적(㎡)	감정가/최저가/과정	임차조사	등기권리
156-030 서울 동작구 상도동 350-3 ●감정평가서정리 - 도로명주소:서울 동작구 상도로15가길 OO-OO - 연와조세멘와즙 - 강현중학교남동측인근 - 주위단독주택및다세대주택혼재,부근각급학교,은행,관공서,생활편의시설등소재 - 차량접근가능 - 인근노선버스(정)소재 - 제반교통사정보통 - 등고평탄한사다리형토지 - 남측으로2m내외도로 인접 - 도시가스난방 - 도시지역 - 2종일반주거지역 (7층이하) 2012.07.09 하나감정 표준공시지가: 1,600,000 감정지가: 2,810,000	물건번호: 단독물건 대지 165 (49.91평) 건물 · 주택 69.06 (20.89평) 방3 제시외 · 베란다 6 (1.82평) · 거실일부 4 (1.21평) · 보일러실 2 (0.6평) · 차양막 16.2 (4.9평) 83.04.04보존	감정가 470,177,260 · 대지 463,650,000 (98.61%) (평당 9,289,721) · 건물 4,903,260 (1.04%) (평당 166,664) · 제시 1,624,000 (0.35%) 최저가 300,914,000 (64.0%) ●경매진행과정 470,177,260 ① 유찰 2012-10-18 20%↓ 376,142,000 ② 유찰 2012-11-22 20%↓ 300,914,000 ③ 낙찰 2012-12-27 313,100,000 (66.6%) - 응찰 : 1명 - 낙찰자:유OO 허가 2013-01-03 납부 2013-03-15 종결 2013-03-27	●법원임차조사 *소유자점유. 2회방문하였으나폐문부재이고관할주민센터전입세대확인의뢰본건에는소유자세대이외에전입세대없다고함 ●지지옥션세대조사 세 08.10.17 김OO 주민센터확인:2012.10.24	**건물** 소유권 이OO 2012.02.06 전소유자: OO글로벌 근저당 웅진수협 [공동] 간OO 2012.02.06 390,000,000 압 류 국민건강보험 동작지사 2012.05.04 임 의 웅진수협 [공동] 간OO 2012.06.14 *청구액:305,223,287원 **토지** 건물등기부등본과 동일 등기부채권총액 390,000,000원 열람일자 : 2012.07.19

1) 말소기준이 되는 권리

기준이 되는 권리는 2012년 2월 6일 옹진수협의 3억 9,000만원 짜리 근저당권이다.

2) 등기부상의 권리분석

등기부상의 권리로서 매수인에게 인수될 권리는 없다.

3) 등기부 외의 권리분석

임대차관계를 살펴보면 소유자(채무자)가 직접 살고 있어 인수될 권리는 없다.

4) 배당순서

종 류	배당자	배당액	비 고
경매비용		4,000,000	
근저당권	옹진수협	309,100,000	말소기준권리

5) 해설

주인이 직접 살고 있어 명도가 비교적 쉬워 보인다.
매수인이 인수해야 할 권리관계는 아무것도 없이 깨끗하다.

21. 토지(2011-17408)

소 재 지	경기 여주군 강천면 걸은리 653-4 [도로명주소]					
경매구분	임의(기일)	채 권 자	임OO	낙찰일시	12.07.30 (종결:12.10.22)	
용 도	전	채무/소유자	우OO /이OO	낙찰가격	14,130,000	
감 정 가	13,020,000	청 구 액	36,000,000	경매개시일	11.12.12	
최 저 가	13,020,000 (100%)	토지총면적	186 m² (56.26평)	배당종기일	12.03.19	
입찰보증금	10% (1,302,000)	건물총면적	0 m² (0평)	조 회 수 [조회통계]	금일1 공고후45 누적54	
주의사항	· 농지취득자격증명 · 농지취득자격증명 제출요(미 제출시 보증금 몰수)					

우편번호및주소/감정서	물건번호/면적(m²)	감정가/최저가/과정	임차조사	등기권리

469-862
경기 여주군 강천면 걸은리 653-4
 	
●감정평가서정리
- 걸촌동마을내위치
- 주위농가주택,단독주택,농경지등혼재
- 차량접근가능,교통사정보통
- 버스(정)인근소재
- 부정형등고평탄지
- 남측2m도로개설
 	
- 계획관리지역
- 자연취락지구
(걸은)
- 자연보전권역
- 배출시설설치제한지역
- 한강폐기물매립시설설치제한지역
 	
2011.12.26 자은감정
 	
표준공시지가 : 18,000
감정지가 : 70,000
	물건번호: 단독물건
	
	전 186
	(56.26평)
	농취증필요
		감정가 13,020,000
		· 토지 13,020,000
		      (100%)
		(평당 231,426)
		
		최저가 13,020,000
		      (100.0%)
		
		●경매진행과정
		      13,020,000
		① 낙찰 2012-07-30
		
		      14,130,000
		      (108.5%)
		- 응찰 : 3명
		- 낙찰자:최OO
		
		허가 2012-08-06
		납부 2012-09-13
		종결 2012-10-22
				소유권 이OO
				    1990.11.19
				
				저당권 임OO
				    2011.02.22
				    25,000,000
				
				임 의 임OO
				    2011.12.13
				+청구액:36,000,000원
				
				등기부채권총액 25,000,000원
				
				열람일자 : 2012.07.13

1) 말소기준이 되는 권리

기준이 되는 권리는 2011년 2월 22일 임○○의 2,500만원짜리 저당권이다.

2) 등기부상의 권리분석

등기부상의 권리로서 매수인에게 인수될 권리는 없다.

3) 배당순서

종 류	배당자	배당액	비 고
경 매 비 용		1,300,000	
저 당 권	임○○	12,830,000	말소기준권리

4) 해설

농지취득자격증명의 발급여부를 입찰전에 확인하여야 한다. 매수인이 인수해야 할 권리관계는 아무것도 없이 깨끗하다.

22. 토지(2011-16863)

소재지	경기 양평군 강하면 성덕리 61-1 [도로명주소]					
경매구분	임의(기일)	채권자	차OO	낙찰일시	12.10.29 (종결:12.12.17)
용도	전	채무/소유자	김OO	낙찰가격	72,160,000
감정가	120,000,000	청구액	100,000,000	경매개시일	11.11.29
최저가	61,440,000 (51%)	토지총면적	1000 m² (302.5평)	배당종기일	12.03.05
입찰보증금	10% (6,144,000)	건물총면적	0 m² (0평)	조회수 조회통계	금일1 공고후92 누적465
주의사항	· 농지취득자격증명 · 농지취득자격증명 제출요(미 제출시 보증금 몰수).				

우편번호및주소/감정서	물건번호/면적(m²)	감정가/최저가/과정	임차조사	등기권리

476-922
경기 양평군 강하면 성덕리 61-1
 	
●감정평가서정리
- 이주마을남동측근거리
산간계곡지대임야하단
부에소재
- 부근세로변계곡따라전
원주택일부소재하나
대체로산간농경지및산
림지대
- 간선도로에서진입한지
역, 도로여건협소
- 교통사정다소불편
- 부정형완경사지,남서
측도로부지보다높게석
축됨
- 남서측소폭도로부지있
으나일부폐도상태,인
근차량접근가능한여건
 	
- 보전녹지지역
- 자연보전권역
- 수질보전특별대책지역
(1권역)
 	
2011.12.08 동현감정
 	
표준공시지가 : 32,000
감정지가 : 120,000
	물건번호: 단독물건
	전 1000
	(302.5평)
	장기간휴경지상태
	농취증필요
		감정가 120,000,000
		· 토지 120,000,000
		           (100%)
		(평당 396,694)
		
		최저가 61,440,000
		           (51.2%)
		
		●경매진행과정
		          120,000,000
		① 유찰 2012-05-21
		20%↓ 96,000,000
		② 변경 2012-06-25
		          96,000,000
		② 유찰 2012-08-27
		20%↓ 76,800,000
		③ 유찰 2012-09-24
		20%↓ 61,440,000
		④ 낙찰 2012-10-29
		          72,160,000
		          (60.1%)
		- 응찰 : 2명
		- 낙찰자:박OO
		
		허가 2012-11-05
		납부 2012-12-14
		종결 2012-12-17
				소유권 김OO
				      2005.10.13
				      전소유자:김OO
				
				저당권 차OO
				      2011.10.27
				      100,000,000
				
				임 의 차OO
				      2011.11.30
				      *청구액:100,000,000원
				
				등기부채권총액
				      100,000,000원
				
				열람일자 : 2011.12.27

1) 말소기준이 되는 권리

기준이 되는 권리는 2011년 10월 27일 차○○의 1억원짜리 저당권이다.

2) 등기부상의 권리분석

등기부상의 권리로서 매수인에게 인수될 권리는 없다.

3) 배당순서

종 류	배당자	배당액	비 고
경 매 비 용		2,160,000	
저 당 권	차○○	70,000,000	말소기준권리

4) 해설

농지취득자격증명의 발급여부를 입찰 전에 확인하여야 한다. 매수인이 인수해야 할 권리관계는 아무것도 없이 깨끗하다.

23. 토지(2012-3956)

소 재 지	경기 이천시 신둔면 용면리 364-2 [도로명주소]				
경매구분	임의(기일)	채 권 자	신한저축은행	낙찰일시	12.09.10 (종결:12.11.05)
용 도	답	채무/소유자	OO테크/오OO	낙찰가격	71,234,500
감 정 가	58,710,000	청 구 액	600,000,000	경매개시일	12.03.19
최 저 가	58,710,000 (100%)	토지총면적	618 ㎡ (186.94평)	배당종기일	12.06.25
입찰보증금	10% (5,871,000)	건물총면적	0 ㎡ (0평)	조 회 수 조회통계	금일1 공고후46 누적48
주의사항	· 농지취득자격증명 · 농지취득자격증명원요함(미제출시 매수신청보증금 몰취)				

우편번호및주소/감정서	물건번호/면적(㎡)	감정가/최저가/과정	임차조사	등기권리

467-841
경기 이천시 신둔면 용면리 364-2
● 감정평가서정리
- 용면마을북서측인근
- 부근농경지,단독주택
혼재하는마을주변농경지대
- 소형차량접근가능
- 지방도(무촌-궁평간도로)북서측인근
- 제반교통사정보통
- 부정형동측하향완경사지
- 서측3m도로접함
 	
- 접도구역
- 계획관리지역
- 배출시설설치제한지역
- 수질보전특별대책지역
(2권역)
 	
2012.04.03 대원감정
 	
표준공시지가: 63,000
감정지가: 95,000
	물건번호: 단독물건
	
	답 618
	(186.94평)
	현:전
	농취증필요
		감정가 58,710,000
		· 토지 58,710,000
		(100%)
		(평당 314,058)
		
		최저가 58,710,000
		(100.0%)
		
		● 경매진행과정
		        58,710,000
		① 낙찰 2012-09-10
		        71,234,500
		        (121.3%)
		- 응찰 : 2명
		- 낙찰자:신OO
		
		허가 2012-09-17
		납부 2012-10-26
		종결 2012-11-05
				소유권 오OO
				2002.11.16
				전소유자:이OO
				
				근저당 토마토상호저축
				2008.06.09
				600,000,000
				
				지상권 토마토상호저축
				2008.06.09
				30년
				
				임 의 신한저축은행
				여신관리팀
				2012.03.19
				*청구액:600,000,000원
				
				등기부채권총액
				600,000,000원
				
				열람일자 : 2012.04.13

1) 말소기준이 되는 권리

기준이 되는 권리는 2008년 6월 9일 토마토상호저축의 6억원짜리 근저당권이다.

2) 등기부상의 권리분석

등기부상의 권리로서 매수인에게 인수될 권리는 없다.

3) 배당순서

종 류	배당자	배당액	비 고
경 매 비 용		5,100,000	
저 당 권	토마토저축은행	66,134,500	말소기준권리

4) 해설

농지취득자격증명의 발급여부를 입찰전에 확인하여야 한다.
매수인이 인수해야 할 권리관계는 아무것도 없이 깨끗하다.

24. 토지(2012-4792)

소 재 지	경기 안성시 발화동 241 도로명주소				
경매구분	임의(기일)	채 권 자	농협은행	낙찰일시	12.11.19 (종결:13.01.30)
용 도	답	채무/소유자	유OO	낙찰가격	152,000,000
감 정 가	290,284,000	청 구 액	112,318,534	경매개시일	12.03.23
최 저 가	148,626,000 (51%)	토지총면적	2341 m² (708.15평)	배당종기일	12.06.11
입찰보증금	10% (14,862,600)	건물총면적	0 m² (0평)	조 회 수	금일1 공고후40 누적136
주의사항	· 농지취득자격증명 · 농지취득자격증명 제출 요함(미제출시 매수보증금 몰수).				

우편번호및주소/감정서	물건번호/면적(m²)	감정가/최저가/과정	임차조사	등기권리

456-140
경기 안성시 발화동 241
●감정평가서정리
- 가온고교동측인근
- 주변근교경지정리된순수농경지대
- 차량접근가능
- 대중교통편의성보통
- 세장형평지
- 폭3m정도농기계출입로통해서측약6m정도도로접함
- 생산녹지지역
- 농업진흥구역
- 성장관리권역
2012.03.29 하일감정
표준공시지가 : 65,000
감정지가 : 124,000
	물건번호: 단독물건
	답 2341
	(708.15평)
	농취증필요
		감정가 290,284,000
		· 토지 290,284,000
		                (100%)
		(평당 409,919)
		
		최저가 148,626,000
		                (51.2%)
		
		●경매진행과정
		               290,284,000
		① 유찰 2012-07-30
		20%↓ 232,227,000
		② 유찰 2012-09-03
		20%↓ 185,782,000
		③ 유찰 2012-10-15
		20%↓ 148,626,000
		④ 낙찰 2012-11-19
		         152,000,000
		               (52.4%)
		- 응찰 : 1명
		- 낙찰자:이OO
		허가 2012-11-26
		납부 2012-12-28
		종결 2013-01-30
			●법원임차조사
			*점유자를 만나지 못하여 확인불능.
				소유권 유OO
				         1999.06.14
				근저당 농협중앙
				         안성시지부
				         2009.01.12
				         100,000,000
				지상권 농협중앙
				         안성시지부
				         2009.01.12
				         30년
				근저당 농협중앙
				         안성시지부
				         2010.04.09
				         30,000,000
				임 의 농협은행
				         수원여신관리단
				         2012.03.27
				         *청구액:112,318,534원
				등기부채권총액
				         130,000,000원
				열람일자 : 2012.04.13

1) 말소기준이 되는 권리

기준이 되는 권리는 2009년 1월 12일 농협중앙의 1억원짜리 근저당권이다.

2) 등기부상의 권리분석

등기부상의 권리로서 매수인에게 인수될 권리는 없다.

3) 배당순서

종 류	배당자	배당액	비 고
경매비용		2,500,000	
근저당권	농협중앙	100,000,000	말소기준권리
근저당권	농협중앙	30,000,000	
소유자	유○○	19,500,000	

4) 해설

농지취득자격증명의 발급여부를 입찰전에 확인하여야 한다.
매수인이 인수해야 할 권리관계는 아무것도 없이 깨끗하다.

부동산경매
실전노트

초판 1쇄　2013년 09월 02일

지은이　이호중
발행인　김재홍
기획편집　이은주, 권다원, 김태수
마케팅　이연실

발행처　도서출판 지식공감
등록번호　제396-2012-000018호
주소　경기도 고양시 일산동구 견달산로225번길 112
전화　031-901-9300
팩스　031-902-0089
홈페이지　www.bookdaum.com

가격　12,000원
ISBN　978-89-97955-79-4　13320

CIP제어번호　CIP2013014335
이 도서의 국립중앙도서관 출판시 도서목록(CIP)은 e-CIP 홈페이지(http://www.nl.go.kr/ecip)에서 이용하실 수 있습니다.

ⓒ 이호중, 2013, Printed in Korea.
- 이 책은 저작권법에 따라 보호받는 저작물이므로 무단전재와 무단복제를 금지하며, 이 책 내용의 전부 또는 일부를 이용하려면 반드시 저작권자와 도서출판 지식공감의 서면 동의를 받아야 합니다.
- 파본이나 잘못된 책은 구입처에서 교환해 드립니다.
- '지식공감 지식기부실천' 도서출판 지식공감은 창립일로부터 모든 발행 도서의 2%를 '지식기부실천'으로 조성하여 전국 중·고등학교 도서관에 기부를 실천합니다. 도서출판 지식공감의 모든 발행 도서는 2%의 기부실천을 계속할 것입니다.

풍성한 정보와 독점적 서비스, 지지옥션 창립 30주년

경매는 정보다

법원에서 공고하는 경매관련 자료는 지지옥션 사이트나 정보지에 실리는 경매자료에 비하면 빙산의 일각에 불과합니다. 지지옥션은 경매물건 현장보고서, 분석자료, 각종공부 등 반드시 확인해야 하는 30여종의 필수정보를 제공하고 있어 매수 희망자는 별도의 발품없이 안심하고 응찰할 수 있습니다.

유치권 경매물건 전수 분석
현황조사서, 채권자 제보, 민법규정 및 대법원 판례를 통해 법원에 신고 된 전체 유치권 물건 심층 분석 자료 제공

법정지상권 경매물건 전수 분석
수백여건의 대법원 판례와 공부자료를 종합적으로 분석한 의견과 함께 낙찰후 대응방안까지 자료 제공

NPL(Non-Performing Loan) 저당권 거래 정보
NPL상세정보와 함께 직접 NPL 물건을 매입할 수 있는 매입가격, 매입담당자 등 매입 상세정보 제공

현장보고서
경매 전문가들이 현장에 가서 직접 부동산 가치, 시세, 점유자, 현황 등을 생생하게 담은 현장보고서 제공

지지옥션 Since1983　대표전화: 1588-0133　www.ggi.co.kr

부동산 펀드

안전은 역사가 말해주고
실력은 수익이 대변합니다!

1. 세금감면혜택

2. 대형자금의 경쟁력

3. 수익분석의 전문화

지지자산운용 펀드 운용 현황

펀드명	투자대상	총자산	특징	예상(목표) 수익률
부동산 펀드 1호	서울 노원구 상계동 366-4, 18번지 대감프라자 1~2층	61억원	- 낙찰로 저가 매입 - 4,7호선 노원역 10번 출구에 위치해 유동인구 풍부 - 1층은 매각, 2층은 병원으로 이용중	연평균 52%
부동산 펀드 2호	서울 서초구 반포동 50-12 삼우빌딩	246억원	- 담보 감정가 이하로 매입 - 매년 6% 임대료 상승 적용 - 향후 매입 확약자 확보	연평균 15%
부동산 펀드 3호	경기도 평택시 용이동 산 39-10	18억원	- 감정가 대비 32% 저가 매입 - 택지개발 사업으로 택지 변경 - 지상권, 예고등기 소송 승소	연평균 35%
부동산 펀드 4호	서울 광진구 구의동 546-4 테크노마트 1층 판매동	490억원	- 감정가 588억원 대비 20% 절감해 매입 - 엔터식스(의류 종합 쇼핑몰) 전체 임대 - 엔터식스 5년 후 매입확약	연평균 8~9%
부동산 펀드 5호	서울 강동구 암사동 501-9,10 동부센트럴요양병원	105억원	- 요양병원이 10년 동안 전체 임대 사용 - 3년차부터 소비자물가지수와 연동해 임대료 임상	연평균 14%
MBS 펀드 1호	주택저당채권 (신용등급 AAA급 이상 50% 이상 유입), 기타자산 (공모주, 경매 물건 등)	100억원	- 국내 최초 MBS펀드 발행 - MBS 채권의 안정성 및 기타 자산 투자의 수익성을 겸비 - 부동산 증권형 펀드로 환매 가능	연평균 8.14~ 13.44%
MBS 펀드 2호		109억원		
MBS 펀드 3호		26억원		

지지자산운용   대표전화: 02-718-5678   www.ggfund.co.kr